DESPIERTA TU FUEGO INTERIOR

DESPIERTA TU FUEGO INTERIOR

Enciende tu pasión, encuentra
tu propósito y crea la vida
que amas

HeatherAsh Amara

Traducción de
Karina Simpson

Grijalbo

El papel utilizado para la impresión de este libro ha sido fabricado a partir de madera procedente de bosques y plantaciones gestionadas con los más altos estándares ambientales, garantizando una explotación de los recursos sostenible con el medio ambiente y beneficiosa para las personas.

Despierta tu fuego interior

Título original: *Awaken Your Inner Fire*

Primera edición: marzo, 2023

D. R. © 2017, HeatherAsh Amara

Esta edición es publicada en acuerdo con Hierophant Publishing
A través de International Editors' Co. Literary Agency | Yañez

D. R. © 2023, derechos de edición mundiales en lengua castellana:
Penguin Random House Grupo Editorial, S. A. de C. V.
Blvd. Miguel de Cervantes Saavedra núm. 301, 1er piso,
colonia Granada, alcaldía Miguel Hidalgo, C. P. 11520,
Ciudad de México

penguinlibros.com

D. R. © 2022, Karina Simpson, por la traducción

Penguin Random House Grupo Editorial apoya la protección del *copyright*. El *copyright* estimula la creatividad, defiende la diversidad en el ámbito de las ideas y el conocimiento, promueve la libre expresión y favorece una cultura viva. Gracias por comprar una edición autorizada de este libro y por respetar las leyes del Derecho de Autor y *copyright*. Al hacerlo está respaldando a los autores y permitiendo que PRHGE continúe publicando libros para todos los lectores.

Queda prohibido bajo las sanciones establecidas por las leyes escanear, reproducir total o parcialmente esta obra por cualquier medio o procedimiento así como la distribución de ejemplares mediante alquiler o préstamo público sin previa autorización.
Si necesita fotocopiar o escanear algún fragmento de esta obra diríjase a CemPro (Centro Mexicano de Protección y Fomento de los Derechos de Autor, https://cempro.com.mx).

ISBN: 978-607-382-707-2

Impreso en México – *Printed in Mexico*

ÍNDICE

Introducción 9

Lección 1. ¿Cuál es tu fuego interior? 15
Lección 2. Descubre tu verdadero trabajo 27
Lección 3. Despeja tu mente 41
Lección 4. Encuentra tu fe 61
Lección 5. Acepta tus emociones 75
Lección 6. Establece la conexión con tu cuerpo 95
Lección 7. La gratitud: el detonador de la energía 113
Lección 8. La oración del fuego interior: una práctica diaria para conjugarlo todo 131

Epílogo 151
Agradecimientos 157

INTRODUCCIÓN

Este libro en realidad nació de la desesperación y la curiosidad.

Era el año 2004. Tras dejar atrás casi todo lo que me resultaba familiar, vivía en una casa rodante y viajaba con mi pareja de aquel entonces, Raven.

De cierta forma, la decisión de dejar nuestra cómoda casa y salir a la carretera fue una autointervención. Sentía mi vida abrumadora, fuera de control y llena de ajetreo. El resultado era un caos interior y exterior. Como pareja, buscábamos alcanzar una sensación de libertad y tranquilidad, pero para mí lo primero era recuperar la cordura. Comprendí que mi vida se había vuelto ingobernable: aunque amaba lo que estaba creando en el mundo, también sentía que la empresa de mantenerlo en funcionamiento me estaba comiendo viva.

Unos años antes fundé un centro espiritual en Berkeley, California. Lo que empezó como un pequeño grupo de personas que querían marcar la diferencia en el mundo, pronto floreció hasta convertirse en numerosas iniciativas de aprendizaje, un programa de enseñanza, diez círculos a lo largo de todo el país, una plantilla de empleados, nóminas por pagar, reuniones de la junta directiva y programas de divulgación. Sentí una gran alegría por hacer mi sueño realidad, aunque con el tiempo lo que empezó como una bendición espiritual consumió mi energía interior, disolvió mi entusiasmo y dejó a todo nuestro personal agotado y frustrado. Mi feliz sueño de que todo funcionara a la perfección se había convertido en una frustrante lucha de resentimiento interpersonal y energía mal administrada, para mí y para mi exhausto equipo.

Yo tenía gran parte de la culpa.

Al principio me resistí a esa idea. Me dije que el equipo simplemente no daba lo mejor de sí, que los profesores estaban siendo demasiado emocionales y que el personal administrativo estaba tirando la toalla. Hacía lo que podía para mantener todo unido, pero se estaba fragmentando por el descontento, el incumplimiento de los plazos, la irritación, el malestar y otras cuestiones emocionales. Así que, aunque mi primera reacción fue culpar a la apretada agenda, al personal o a la cantidad de trabajo que teníamos por delante, cuando lo analicé a profundidad pude ver que eran mis propias creencias y hábitos inconscientes los que se habían entretejido en la organización y estaban drenando la energía colectiva. Aunque esta comprensión fue humillante, porque sabía que yo había creado este caos, también fue liberadora, pues si yo lo había provocado, también era yo quien podía hacer algo para remediarlo.

Quizá no hayas experimentado el mismo nivel de agitación y caos en tu vida. Pero en nuestro jardín emocional todos hemos tenido que lidiar con los mismos "voluntarios" no deseados en varios momentos: miedo, ansiedad, agobio. Estas plántulas se manifiestan como pensamientos y sentimientos de no tener suficiente tiempo, suficientes recursos, suficiente creatividad, suficiente inteligencia o no lograr lo que realmente quieres hacer en tu vida. ¿Te suena alguna de estas cosas?

Si miras más a fondo encontrarás que debajo de todas estas manifestaciones de "no es suficiente" está el motivo subyacente de "no hay suficiente de esto o aquello porque no soy lo bastante inteligente o bonita, o suficiente... (inserte aquí su complejo)". Puedes rellenar el espacio en blanco con lo que te preocupe, pero en el fondo yace la falsa creencia de que "no soy suficiente". Al principio me resistía a examinar esta idea, pero cuando lo analicé, descubrí que esta sensación interna de carencia estaba en el fondo de todos los casos en los que me sentía estresada, abrumada o temerosa. Lo que he aprendido desde entonces es que, hasta que no te enfrentes a esa crítica, inevitablemente pasarás por periodos en los que tendrás miedo, te sentirás abrumado, te castigarás, dejarás de cuidarte y pondrás las necesidades de los demás por delante de las tuyas. Eso es un gran coctel de frustración y, en última instancia, de agotamiento.

Al final de mi estancia en Berkeley, los duendecillos del pensamiento "no es suficiente" se habían manifestado en cada aspecto de mi vida, desde el amanecer hasta el anochecer. Me di cuenta de que cuando me despertaba, con frecuencia me sentía ansiosa debido al día que tenía por delante. A veces, incluso antes de abrir los ojos, me sentía derrotada por la cantidad de trabajo que tenía que hacer. Luego, al final del día, rara vez me sentía en paz con lo que había logrado y, por el contrario, agotada, me preguntaba en qué se me habían ido las horas. Como puedes imaginar, me resultaba difícil experimentar la paz y la felicidad mientras vivía en este estado constante de malestar.

Incluso cuando identificaba un nuevo camino o una acción que hacía que mi corazón cantara, sufría por la procrastinación y la resistencia a intentar algo nuevo, ambas cosas arraigadas en el miedo a que no funcionara, que era en el fondo una sensación de que *yo* no era suficiente.

Cuando dejé de resistirme a esta revelación y vi cómo la mentalidad de "no es suficiente" operaba en mi vida, decidí poner manos a la obra. Me embarqué en la búsqueda para descubrir cómo cambiar la relación conmigo misma. Durante dos años, después de cerrar el centro y dejar Berkeley, estudié con curiosidad mis acciones, mis pensamientos, mis fracasos y mis éxitos. Anoté en un papel todos mis altibajos y seguí conscientemente mis propios hábitos. En este viaje aprendí el concepto de nuestra energía interior (lo explicaré con más detalle en la Lección 1) y permítanme decir que lo que descubrí fue una revelación. Empecé a ver mis interacciones con el mundo de forma totalmente nueva, basada en la energía. Descubrí que si cambiaba mi perspectiva para tener en cuenta mi energía interior a lo largo del día, mi experiencia en el mundo cambiaba de manera drástica. Tomé lo que descubrí en mi propio viaje y desarrollé estos principios para que tú también aprendas a nutrir, proteger y dirigir el recurso más precioso que tienes: lo que yo llamo *tu fuego interior*.

Qué esperar de este libro

Debo advertirte que *Despierta tu fuego interior* va más allá de todo lo que he escrito antes. En las páginas que siguen, veremos cómo los principales aspectos de nuestro ser —las partes mental, espiritual, emocional y física— interactúan con nuestra energía interior.

Este libro explica cómo puedes crear un cambio radical en tu forma de ver e interactuar con el mundo, y te invita a tomar decisiones desde tu esencia y no a partir de tu antigua programación, miedos o estrategias egocéntricas. Te invita a vivir desde tu centro energético, en lugar de en la periferia. Vivir desde tu periferia significa seguir hábitos y patrones inconscientes que son modelos de aquello que todo el mundo hace. Cuando vives desde tu centro energético, empiezas a tomar conciencia de tus comportamientos. Una vez que eres consciente de estos comportamientos y los has sacado a la luz puedes empezar a tomar decisiones intencionadas sobre lo que deseas cambiar y cómo quieres vivir tu vida.

El profundo trabajo de transformación que supone cambiar nuestra perspectiva y eliminar las viejas formas de ser es un proceso. Y no es para los débiles de corazón. La buena noticia es que en este libro hay herramientas que darán resultados inmediatos. En cada lección combino un enfoque a largo plazo con tareas fáciles de realizar. Al final de cada lección encontrarás prácticas, meditaciones y exploraciones para poner los conceptos en práctica en tu vida.

Cuidar tu fuego interior es una práctica diaria que consiste en volver a tu centro, evitar el agobio, aparecer con el corazón abierto y encontrar la facilidad y la fluidez. Creo que nunca terminaremos de hacerlo, pero sin duda sé que nuestros días se despliegan y florecen cuando sustituimos las viejas semillas del miedo por las chispas de la creatividad, el amor, la emoción y la curiosidad. Entonces nuestro fuego interior brilla con fuerza y nos guía hacia adelante con su luz.

Despierta tu fuego interior te mostrará cómo atender conscientemente tu energía interior en un mundo enloquecido y ajetreado que intenta constantemente captar tu atención. Exploraremos la idea de cómo utilizar cualquier trabajo que estés haciendo —ya sea algo que amas o algo que haces solo para pagar la renta— como una forma de construir más valor, fuerza, poder y paz dentro de ti. No se trata de reconstruir lo que haces, sino la forma en que lo haces.

Recuerda que debes ir a tu ritmo. Este pequeño libro contiene mucha información. No lo puedes leer en un día o en un fin de semana; de lo contrario, no experimentarás todo el impacto esperado de los ejercicios y, lo que es más importante, no comprenderás a cabalidad las muchas oportunidades que hay cada día para practicar estas herramientas y cambiar tu relación con el mundo. Personalmente, he tardado años en desentrañar e integrar estas enseñanzas, algo que todavía sigo aprendiendo. Así que mantente firme y disfruta del viaje. Eres un aventurero en un nuevo territorio de intimidad con tu fuego interior y el mundo entero. Ahora, el primer paso en este camino es empezar a entendernos a nosotros mismos. Así que nos dedicaremos a responder una pregunta muy importante: ¿cuál es tu fuego interior?

— LECCIÓN 1 —

¿CUÁL ES TU FUEGO INTERIOR?

*La energía no se crea ni se destruye,
solo se transforma de una forma a otra.*
ALBERT EINSTEIN

La mayoría estamos familiarizados con las computadoras; parece que hoy en día hacen que todo funcione, desde nuestras lavadoras hasta la Estación Espacial Internacional. Una computadora se compone principalmente de dos cosas: el *hardware* (los componentes físicos como el monitor o el teclado), y el *software* (los programas informáticos como Microsoft Windows o Excel).

En cierto sentido, una computadora es más o menos análoga a un ser humano: el *hardware* representa el cuerpo y el *software*, la mente. Pero hay algo que falta en esta analogía, porque hasta que no se conecta la computadora al enchufe de corriente —es decir, hasta que no se le suministra energía— tanto el *hardware* como el *software* son inútiles.

Al igual que la computadora, ni tu cuerpo ni tu mente funcionarían sin la energía que los alimenta. Esta energía es lo que yo llamo con cariño tu *fuego interior*.

Tu fuego interior es la energía vital dentro de ti, la fuerza invisible que da vida a tu ser. Cuando tomas un momento para detenerte, tranquilizarte y sentir en lo más profundo de tu ser —en un nivel más hondo que el pensamiento—, encontrarás esta energía esperando y dándote poder en cada momento de tu vida.

Tal vez porque nuestro fuego interior no se puede medir en un laboratorio, muchas personas viven sin tener idea de esta energía interior o de la importancia de atenderla. Como no se habla mucho de esta energía interior en el mundo moderno, muchos no pensamos demasiado en ella, si es que en algún momento pensamos en ella.

La buena noticia es que los científicos están demostrando ahora lo que las culturas chamánicas llevan enseñando desde hace siglos: que aunque parezcamos seres físicos, es más exacto decir que somos seres energéticos entrelazados a través de formas-físicas. Aunque todavía nos queda mucho por aprender sobre esta energía, tanto desde una perspectiva científica como chamánica, sabemos que a nivel atómico cada cosa del universo está hecha de energía.

Me parece interesante que en nuestro mundo se hable tanto de sintonizar con nuestro bienestar mental, emocional, físico y espiritual, pero muy pocos hablan de atender la energía que hace posible todas estas cosas. Esta energía es la fuente de todas las formas de nuestro bienestar y necesita ser cuidada con ahínco para darnos una base sólida con el fin de atender todas las facetas de nuestra salud.

Al estudiar mi propia energía interior en los últimos años, una cosa me ha quedado clara: he descubierto que nuestros pensamientos, sentimientos y acciones afectan nuestra energía interior, y la energía de otras personas también nos influye. Con tanta presión puede ser muy difícil mantener nuestro fuego interior encendido. Una sencilla prueba para ver si lo que estás persiguiendo ayuda u obstaculiza tu fuego interior es evaluar cómo te sientes cuando estás en el proceso de hacer algo, cuando estás pensando hacerlo o en el extremo receptor de cualquier acción en particular. Descubrirás que cuando haces cosas que resuenan con tu energía interior, el resultado será una sensación satisfactoria. Cuando descuidas tu energía de fuego interior o haces algo que no resuena con ella, te sientes, bueno... *no muy bien*.

Algunas de las cosas que más drenan nuestra energía son el estrés, el miedo, la ansiedad y el agobio, así como el monstruo subyacente de "no ser suficiente". Por el contrario, a través de la experiencia de la alegría, la fe, la paz, el amor, la pasión y, lo que es más importante, la comprensión de que *eres* suficiente, aumentas tu energía interior. Las herramientas de este libro están diseñadas para guiarte a experimentar esto último y te mostrarán cómo hacerlo viendo todo (sí, *todo*) en tu vida como tu maestro y guía.

Poder ver las experiencias de la vida como un maestro y una guía no está reservado solo para los grandes momentos que cambian el mundo, sino también para los pequeños obstáculos que surgen en el día a día. Una de las formas de aprender a aprovechar nuestra energía para afrontar todas las circunstancias es ser testigos de primera mano de cómo el aumento de nuestra energía interior nos ayuda a superar cualquier situación desafiante que se presente.

Por ejemplo, yo soy profesora certificada de caminata sobre el fuego. He guiado a miles de personas en todo el mundo a través de una ceremonia de empoderamiento que culmina con la caminata sobre carbones calientes a 700 grados centígrados. La caminata del fuego es un antiguo ritual de transformación chamánico que la ciencia occidental no puede explicar del todo. Pero ese no es el caso del pueblo !Kung. Esta tribu nativa del sur de África ofrece una perspectiva única de cómo lo que parece imposible se vuelve posible.

Los !Kung creen que para caminar sobre el fuego sin quemarse tenemos que elevar lo que ellos llaman nuestro *num*. No hay una traducción directa al español para el término, pero la palabra más cercana que tenemos es "energía".

Esta antigua cultura comprende el concepto de energía interior y enseña que aprovechar su poder es la clave para pisar las brasas sin quemarse. Las culturas chamánicas de todo el mundo hacen eco de esta enseñanza y van más allá, al afirmar que la elevación de nuestra energía para superar los obstáculos no termina con la caminata sobre el fuego. Por el contrario, la caminata sobre el fuego es una oportunidad para experimentar que lo imposible se vuelve posible simplemente aumentando nuestra energía. Esto sienta un importante precedente en nuestras vidas al mostrar de lo que somos capaces cuando cuidamos nuestra energía con esmero. Después de todo, si podemos caminar sobre el *fuego* sin quemarnos, ¿qué *más* podemos hacer? Las lecciones aprendidas en una caminata sobre el fuego se convierten en conceptos clave que se aplican a todas las demás áreas de nuestra vida.

Todos somos muy conscientes de que con frecuencia surgen obstáculos en la vida, pero para mí son una invitación a que elevemos nuestra energía para estar a la altura. Son nuestra propia caminata de fuego. Los obstáculos son valiosos maestros que nos presentan la oportunidad de "estar a la altura de las circunstancias". Nos ayudan a convertirnos en guerreros del corazón y en cultivadores sagrados de nuestra llama central.

Pienso en los obstáculos y en la energía como una jarra medio llena de agua y medio llena de aceite. El aceite representa los obstáculos y, como sube a la parte superior de la jarra, cuando miramos hacia abajo eso es todo lo que vemos. Cuando solo vemos aceite, nos desanimamos y queremos rendirnos. No nos percatamos de que la energía vital del agua está justo debajo del aceite. Así que para limpiar el aceite tenemos que añadir más agua, es decir, más *energía*. Cuando vertimos agua fresca y limpia en la jarra, el aceite sube y se derrama, hasta que lo único que queda es el agua limpia. Cada vez que encontramos aceite en nuestra jarra, para limpiarlo debemos añadir más agua. Asimismo, cuando encontramos obstáculos podemos añadir más energía fresca a nuestra vida hasta que se despejen. Surgirán más obstáculos, sin duda, pero al saber que podemos añadir energía para transformar esos obstáculos, ya estamos equipados con una poderosa herramienta para crear las vidas que deseamos experimentar.

Así que, desde una perspectiva chamánica, si quieres que algo en tu vida cambie, debes tener tanta o más energía que lo que quieres transformar. Esta elevación de tu energía interior es sinónimo de lo que yo llamo *despertar tu fuego interior*.

Tu nivel de energía física

Esto me lleva a otro punto importante sobre nuestro fuego interior. Por favor, no confundas tu energía interior con lo que comúnmente pensamos que es tu nivel de energía física, tu resistencia y vigor. Tu fuego interior es mucho más que tu nivel de energía física, y aunque ciertamente pueden estar relacionados en algunos casos, no son lo mismo y no siempre se verán afectados de la misma manera.

Hace poco Chris —un querido amigo mío— se puso en contacto conmigo tras la muerte de su tío a causa de la esclerosis lateral amiotrófica (ELA), también conocida como enfermedad de Lou Gehrig. La ELA es una condición crónica y debilitante que provoca la atrofia de ciertos grupos musculares del cuerpo. Chris me explicó cómo vio que el cuerpo de su tío se deterioraba con rapidez en tan solo dos años. Primero perdió la capacidad de hablar y al final quedó completamente paralizado, ya que sus músculos no respondían a las señales de su cerebro.

Lo que mi amigo quería compartir conmigo era el profundo impacto que su tío había dejado en él. Durante sus visitas periódicas, Chris nunca escuchó a su tío quejarse de su estado de salud. De hecho, aquel hombre expresaba continuamente su gratitud por la vida. Siempre se centraba en lo que podía hacer y no en aquello de lo que no era capaz, y otros miembros de la familia tuvieron la misma experiencia con él y se quedaron sorprendidos. Chris, que sintoniza bien con la energía de otras personas, me dijo: "Nunca sentías que estabas visitando a un moribundo, sino a alguien que estaba realmente vivo". A pesar de no tener energía física, el tío de Chris es un maravilloso ejemplo de alguien cuya energía interior ardía con intensidad, incluso cuando su cuerpo se deterioraba sin descanso.

Así como él, existen muchas personas que son ejemplos vivos de un cuerpo con poca energía pero con un fuego interior vibrante, y es probable que hayas conocido a algunas a lo largo de tu propia vida. Del mismo modo, la mayoría hemos conocido a personas que se encuentran en el extremo opuesto: tienen una gran energía física, pero un bajo fuego interior. Pueden estar muy sanas y tener un cuerpo activo, pero a menudo están enfadadas, resentidas, se sienten víctimas, etcétera. No queremos estar cerca de estas personas e incluso decimos cosas como: "No me gusta su energía" o "Me da mala vibra".

Hace poco fui testigo directo de un caso así. Mientras curioseaba en una tienda, entablé una conversación casual con los pocos empleados que trabajaban ese día. Todos eran muy amables y serviciales. Mientras seguía mirando a mi alrededor, el dueño apareció de sorpresa y empezó a regañar a sus empleados. Observé la tensión en su cuerpo y noté el impacto que sus palabras tenían en los demás, quienes se escabullían asustados, apresurándose para cumplir las exigencias del patrón. Lo que generaba este frenesí no era solo lo que decía, sino también su energía, que transformaba el ambiente y la energía de calma y tranquilidad de sus empleados, y hacía surgir la ansiedad. Pude ver su infelicidad y lo sentí por él, porque todos sabemos que actuar como él nunca se siente bien.

Lo que quiero decir aquí es que tu fuego interior es diferente de lo que comúnmente se conoce como tu nivel de energía física, volveremos a este tema más adelante en el libro.

El poder de la imaginación

Dado que no podemos ver nuestro fuego interior, utilizar nuestra imaginación es conveniente cuando empezamos a conectar con él de forma consciente.

Un verano, cuando vivía en Hong Kong y laboraba en el distrito financiero, conocí el poder de la imaginación para cultivar directamente mi fuego interior. Trabajaba literalmente 12 horas al día y viajaba una hora en ambos sentidos en el metro, que iba atestado de gente estresada. Hasta entonces, había vivido en una pequeña y tranquila ciudad del norte de California, por lo que este entorno tan exigente me resultaba tanto estimulante como agotador.

Sin embargo, el cansancio empezaba a sacar lo mejor de mí. Un día, por impulso, me tranquilicé y me pregunté con tiento: "¿Qué necesitas para prosperar aquí?". De repente, tuve una visión de mí misma con una capa hasta el suelo, e intuitivamente me di cuenta de que era un símbolo de lo que debía hacer a continuación. Al ponerme una capa invisible antes de salir al trabajo cada mañana creaba una barrera entre mí y los pensamientos caóticos, las emociones y, sobre todo, la energía de los demás. Cada día, en el metro, visualizaba mi capa imaginaria, que era mi membrana para mantener fuera la energía que no me servía, al tiempo que contenía mi propia energía.

El resultado fue que prosperé, es decir, me mantuve llena de energía. Aunque mi cuerpo se cansaba por las largas horas de trabajo y con frecuencia mi mente estaba en blanco al final del día por tanto mirar los números en la computadora, mi energía se sentía bien. Era fuerte. La energía de los demás no me agotaba y mi fuego interior seguía brillando.

Creo que es importante puntualizar que yo imaginaba una *capa* a mi alrededor, no una *armadura*. Para mí, una armadura busca ser impenetrable, mientras que una capa representa el poder de elegir a quién y ante qué quería presentarme. Esta distinción es importante porque, en realidad, no deseas bloquear toda la energía; lo que quieres es permitir que la energía que te beneficia, como el amor, la compasión y la inspiración brillante, entre en ti y te nutra. Con la imagen de la capa, yo tenía el poder de elegir qué energías permitía entrar. Tú también puedes utilizar el poder de tu imaginación para crear un contenedor energético semipermeable que filtre las energías más pesadas del entorno que te rodea (como el miedo, la negatividad y el estrés) y que permita la entrada de energía refinada y de apoyo (como el entusiasmo de un niño, el amor de un amigo o incluso la continua serenidad de los árboles).

Utilizar la imaginación para crear un contenedor a tu alrededor es muy parecido a proteger un fuego del viento o la lluvia. Cuando encendemos un fuego por primera vez, necesitamos protegerlo de los elementos externos para que tenga la oportunidad de encenderse desde el interior. Una vez que el fuego se fortalece, arde con fuerza y muy poco lo afecta.

He descubierto que, conforme vas tomando conciencia de tu fuego interior, empiezas a ser más sensible a los más pequeños mensajes que surgen de este campo a tu alrededor. Si notas que la energía negativa entra en tu espacio, de inmediato serás capaz de poner una barrera. Y si percibes amor o alegría, tendrás la conciencia para abrirte a más de ese sentimiento específico, en lugar de absorber *todas* las energías que te rodean. A medida que adquieras más experiencia en el acceso a tu fuego interior, aprenderás a mantenerlo equilibrado, en lugar de permitirle entrar en estados de alto estrés o entusiasmo. Como resultado, te mantendrás más equilibrado, conectado y en paz en tu vida diaria.

El poder de nuestra imaginación tampoco se detiene aquí. Uno de los primeros pasos en el proceso de conexión con nuestro fuego interior utiliza la imaginación como herramienta para descubrir nuestro verdadero propósito, o lo que también llamo nuestro verdadero trabajo. Tu imaginación es tanto una herramienta como una guía y te mantendrá en sintonía tanto con tu fuego interior como con tu verdadero trabajo, como exploraremos en la siguiente lección.

EXPLORACIONES DEL FUEGO INTERIOR
Siente tu propia energía interior

Busca un lugar tranquilo para sentarte e inhala hasta llenar de aire tu vientre. Ensancha el vientre al inhalar y al exhalar vuelve a llevarlo hacia la columna vertebral.

Ahora deja de lado la forma en que respiras y permite que tu enfoque descanse con suavidad en todo tu ser. Pregúntate: "¿Cómo se siente mi energía?". Sigue escudriñando diferentes partes de tu cuerpo, tocándote ligeramente con tu conciencia y tu presencia. Mantente abierto a las expresiones más pequeñas de tu energía: imágenes sutiles, sentimientos, la sensación de espacio o estrechez, zumbido o quietud. ¿Cómo percibes tu energía? No intentes cambiar nada, solo observa lo que ocurre. Al principio quizá no notes nada. Pero conforme sigas con la práctica de percibir tu energía, empezarás a sentir cómo esta fluye.

– LECCIÓN 2 –

DESCUBRE TU VERDADERO TRABAJO

Hay una vitalidad, una fuerza vital, una energía, una aceleración que se traduce a través de ti en acción, y como solo hay uno de ti en todo el tiempo, esta expresión es única. Y si la bloqueas, nunca existirá a través de ningún otro medio y se perderá. El mundo no la tendrá. No es tu asunto determinar cuán buena es, ni cuán valiosa, ni cómo se compara con otras expresiones. Lo que te incumbe es mantenerla de forma clara y directa, para mantener el canal abierto.

MARTHA GRAHAM

SECCIÓN 7

DESCUBRE TU VERDADERO TRABAJO

Mi amigo Day se considera un artista de la tierra impermanente. Todas las mañanas sale con una cesta en la mano para recoger vainas, flores, hojas y cualquier otro elemento de belleza que la naturaleza le ofrezca ese día. Luego baja al arroyo que hay cerca de su casa y retira del suelo los restos de la creación del día anterior, usando su mano para eliminar el viejo arte y crear un nuevo lienzo de tierra. Con esmero, cariño y ternura traza un colorido diseño de tonos, formas y figuras a partir de los objetos que ha reunido. El arte que crea es muy parecido a los mandalas que crean algunos monjes budistas.

Los resultados de su trabajo son tan impresionantes, tan bellamente elaborados, que a menudo lloro o exclamo en voz alta de asombro cuando veo fotos de sus Altares Matutinos.

Como mi amigo Day, que sale cada mañana a crear una nueva obra de arte, tú también eres un artista, te des cuenta o no. Tu lienzo es tu propia vida. Tu arte es la forma en que eliges expresarte —con propósito y pasión— sin importar lo que estés haciendo. Cuando vivimos nuestra vida desde esta perspectiva, damos cabida a la inspiración, al flujo, a la conexión, a la sincronía y a la magia, y al hacerlo elevamos la vibración de nuestra energía interior como ninguna otra cosa puede lograrlo.

Vivir la vida como un artista es una idea contraria al paradigma predominante en el mundo occidental, que aboga por utilizar nuestra mente lógica y nuestra pura voluntad para "vencer" los obstáculos en nuestro camino, controlar el resultado de cada situación y lograr o "ganar" el juego de la vida. La búsqueda de "más" es el telón de fondo de este modo de vida. Con nuestra sociedad cada vez más acelerada y basada en la tecnología en esta llamada era de la información, nos impulsamos a un ritmo frenético con el fin de mantenernos al día, a menudo queriendo más información a nuestro alcance, más amigos de Facebook o *likes* de Instagram, y más formas de mantener nuestra mente ocupada.

Creer y actuar según esta mentalidad de necesitar siempre "más" es lo que nos lleva a sentirnos abrumados, abandonados, ansiosos y frustrados. Al estar siempre en busca de "más", nos decimos en un nivel inconsciente que lo que tenemos hoy no es suficiente, y reforzamos de forma no tan sutil la idea errónea de que nunca *somos* suficientes. Como resultado, todo lo que hacemos en nuestra vida diaria (ya sea en el trabajo o en el hogar) puede quedar sumido en el agotamiento, el drama o el comportamiento rutinario, que es agotador y extenuante. Como hemos determinado a nivel inconsciente que nuestras vidas son carentes (¿por qué íbamos a necesitar "más" si lo que tenemos es suficiente?), nuestro fuego interior empieza a menguar por la falta de alimento y el agotamiento. Nunca nos centramos en el trabajo que yace en nuestro corazón, tal vez porque hemos olvidado o ni siquiera sabemos qué tipo de trabajo provoca que nuestro corazón cante.

Cuando nos consideramos artistas en lugar de amas de casa, empleados, jefes o propietarios, vemos más allá de los limitados papeles que desempeñamos en el mundo. Nuestro verdadero trabajo no reside en esos papeles que nos imponemos a lo largo del día, sino más allá de ellos. Solo cuando miramos más allá de ellos podemos descubrir cuál es nuestra verdadera labor. Y hacerlo es clave para vivir tu vida como artista. Esta conexión con tu verdadero trabajo y verte a ti mismo como un artista es lo que alimenta tu fuego interior.

Lo que quiero decir es que tu *verdadero* trabajo no tiene que ver con lo que realmente *haces*, sino, sobre todo, con *cómo* lo haces y cuáles son tus intenciones al hacerlo. En otras palabras, el "trabajo" exterior que haces —tus actividades como el trabajo, la carrera profesional, los quehaceres e incluso la crianza de los hijos— no es tu verdadero trabajo en este contexto, sino que cada una de estas cosas es un papel que asumes por elección o por necesidad.

El sufrimiento y la insatisfacción surgen al creer que el papel que has asumido es *quien realmente eres*. Esto es un error fácil de cometer. Que seas contador en tu trabajo no significa que la contabilidad sea tu verdadero trabajo. "Contar" es un papel que has adoptado en el mundo. Es algo que haces, no lo que eres. El sufrimiento entra en escena cuando identificas erróneamente la contabilidad como tu verdadero trabajo, porque tu paz interior estará ligada a cualquier éxito o fracaso percibido en ese papel.

Siguiendo con nuestro ejemplo, si piensas que tu verdadero trabajo es ser contador, que ese no sea solo un papel que desempeñas en el mundo, entonces si te equivocas en un informe de gastos, es probable que te reprendas duramente diciendo: "¿Cómo has podido equivocarte? Eres el contador". Mientras que en la misma situación, si sabes que ser contador es solo un rol y no tu verdadera razón de ser, verás la situación de otra manera. Puedes aprender del error y esforzarte por hacerlo mejor, pero ya no te catalogarás en tu interior como un "fracaso". Si te mantienes en tu centro y te enfocas en tu verdadero trabajo en cada situación, te involucras en la vida de una manera mucho más profunda y saludable, y al mismo tiempo te desempeñas mejor en el papel que has elegido.

Para muchos de quienes están leyendo esto separar su verdadero trabajo de su papel exterior es una idea nueva, algo que quizá nunca hayan considerado. Los alumnos de mis talleres con frecuencia me preguntan: "HeatherAsh, ¿cómo puedo saber cuál es mi verdadero trabajo?".

Esta es la pregunta más importante. Aquí la respuesta: tu verdadero trabajo es una cualidad que actúa como tu *principio rector*. Es el enfoque de lo que quieres crear o experimentar para ti como artista de tu vida. Y todo comienza en tu interior, desde un profundo deseo en el centro de tu ser. Cualquier cosa que hagas es solo un vehículo para que manifiestes estas cualidades. Tu verdadero trabajo no tiene que estar basado en la acción —como "plantar cien árboles"— sino en una actitud o aspecto que desees traer al mundo. Por ejemplo, si mi verdadero trabajo es "amar", entonces cada acción que realice en el mundo exterior será un acto de amor. Puede ser cualquier cosa, desde dar las gracias con cariño a un mesero por servirme agua, hasta regar con ternura las plantas de mi alféizar. Todas estas acciones provendrán de la cualidad del amor.

Para descubrir cuál es tu verdadero trabajo, el primer paso es quedarte quieto y silenciar cualquier voz ruidosa y crítica que te acose. A continuación, empieza a preguntarte qué más quieres en tu vida. ¿Quieres más paz? ¿Compasión? ¿Claridad? ¿Amor? ¿Sabiduría? Tu verdadero trabajo consiste en hacer aflorar en el mundo las cualidades y experiencias que deseas, y despertar tu fuego interior es un resultado natural de aprender a encarnar estas cualidades en todos los aspectos de tu vida cotidiana. Tu verdadero trabajo es encontrar y alimentar aquellos atributos a los que tu yo más profundo dice: "¡Sí, estoy aquí para aprender a hacer esto!".

Cuando recuerdas que eres un artista y que la vida es tu lienzo, te centras en llevar las cualidades de tu verdadera obra a tu trabajo exterior en el mundo. Al centrarte en lo primero, eres más capaz de mantenerte centrado, profundamente presente e íntimo contigo mismo en todo lo que decides emprender. Cuando te reconectas con tu verdadero trabajo, puedes silenciar las voces del miedo y de los duendecillos del "no es suficiente", y así elevar tu fuego interior en el proceso.

Por ejemplo, el verdadero trabajo de mi amiga Linda es la paz. Le apasiona difundir paz en el planeta. Su trabajo diario es el de sargento en un centro penitenciario, que no es precisamente una forma pacífica de pasar los días. Pero en cada conversación que mantiene con los reclusos, en cada informe que redacta, e incluso en los conflictos ocasionales con un compañero de trabajo, es consciente de cómo puede aportar más paz a su entorno. Cuando ella y sus compañeros de trabajo no están de acuerdo en algo, elige centrarse en la paz y responder desde un lugar neutral. Habla desde su corazón, en lugar de sentirse abrumada o a la defensiva.

Imaginemos a una mesera que trabaja durante la noche. Quizá a veces sienta que su empleo no le satisface, pero cuando nuestra amiga mesera tiene claro cuál es su verdadera labor, entonces servir a los clientes se convierte en un campo de juego para practicar lo que es su esencia. Si su verdadero trabajo es la compasión, entonces cada pedido que toma, cada vez que rompe una taza, cada vez que alguien deja la mesa desordenada y sin propina es una oportunidad para generar compasión: para sí misma y para los demás.

Cuando te centras en tu verdadero trabajo, tu fuego interior arde con fuerza y cada momento es un regalo precioso. Cuando dejas de creer que tu empleo exterior es más importante que el verdadero trabajo que te guía, que proviene de tu voz interior, empiezas a deshacer los enredos y la suciedad que crean pesadez, estrés y negatividad.

¿Cuál es tu verdadera labor? No te preocupes por hacerlo "bien", simplemente elige la palabra que más resuene contigo. Siempre puedes cambiarla más tarde y añadir otras cualidades a medida que alcances más claridad.

He aquí algunos ejemplos, míos y de algunos de mis alumnos:

Compasión. Amor. Valor. Conexión.
Aventura. Inspiración. Despertar.

Cada una de estas palabras está relacionada con una sensación de expansión en el cuerpo. Cuando dices estas palabras en voz alta, sientes que se eleva tu fuego interior, tu energía. Así que pregúntate, ¿qué palabra de nuestra lista o de tu propio corazón te da esa sensación de vitalidad en el centro de tu ser? Quieres que la palabra o las palabras que surjan representen tu pasión a gran escala, algo que deseas llevar a cabo en todo lo que haces.

Una vez que hayas identificado esa cualidad, quiero que la digas en voz alta: "Mi verdadero trabajo es llevar _____ a todo lo que hago".

Ahora, con esa afirmación clara en tu corazón, pregúntate: "¿Cómo puedo llevar esta cualidad particular a mis actividades y a las situaciones que encuentro a lo largo de cada día?". ¿Cómo vas a practicar esta cualidad en el tráfico, en una reunión de la junta directiva, cuando tus hijos se pelean en la habitación de junto, cuando tu perro vomita en tu alfombra nueva, cuando estás *en* la oficina, en el supermercado y sentado a la mesa de tus suegros malencarados? No dudes en anotar las respuestas que se te ocurran para consultarlas de nuevo más adelante (quizá incluso cuando estés en el supermercado y necesites un pequeño recordatorio de cómo reconectar con tu trabajo interior).

A continuación, vayamos en sentido contrario. Pregúntate qué cualidades o actividades te impiden practicar tu verdadero trabajo. Algunas de las más comunes que han compartido mis alumnos son el miedo, los chismes, la autocrítica, la codicia, la ira, la ansiedad, las prisas, el intento de controlar a los demás. Haz también una lista de estas cosas: no para castigarte por ellas, sino simplemente como guía, para que cuando te percates de que caes en alguna de estas "trampas", devuelvas tu atención a tu verdadero trabajo.

Tu verdadera labor es tu regalo para el mundo, pero sobre todo para ti. Trátala con reverencia y no esperes hacerla a la perfección. Tu objetivo aquí es amar el proceso y disfrutar de ver cómo crece el resplandor de tu fuego interior con cada oportunidad de practicar tu verdadero trabajo. Conforme continúas practicando, esta cualidad sagrada brilla más a través de todas tus acciones.

Cuando te centras en llevar tu verdadera labor al mundo, *todo* puede ser una exploración, una aventura o un momento de aprendizaje. No hay lugar o situación que quede fuera de tu verdadero trabajo. Así que, tanto si limpias el suelo de la cocina como si das un discurso delante de mil personas, siempre puedes manifestar tu verdadera labor. Tal vez parezca una tarea difícil, pero juntos exploraremos muchas formas de llevar tu verdadero trabajo a cada momento, hasta que se convierta en tu estado natural de ser.

Cuando empieces a pensar en cuál es tu verdadera labor y cómo encarnarla en cada actividad que realices, permítete reflexionar sobre las siguientes preguntas y anota tus respuestas:

- ¿Qué es la quietud?
- ¿Qué es la fe?

- ¿Qué es la sanación?
- ¿Qué es lo sagrado?
- ¿Qué es la gratitud?

No intentes responder a las preguntas de inmediato; tómate unos momentos y permite que las respuestas broten de tu interior.

Estas preguntas nos dan la oportunidad de examinar la relación con nuestro fuego interior a través de estas perspectivas conforme avanzamos en este proceso. Si haces un inventario de cómo te relacionas con estas palabras ahora, cuando acabas de empezar este viaje, tendrás una base de la cual partir a medida que nos adentremos en exploraciones más profundas. También será interesante ver si tus respuestas a estas preguntas cambian o se amplían cuando llegues al final del libro.

TUS VERDADEROS REGALOS DE TRABAJO

- Tu verdadero trabajo no es lo que haces, sino cómo lo haces.
- Cada día es una oportunidad para conectar con la preciosidad del ahora y empezar de nuevo de forma sagrada.
- Cuando equilibramos nuestra mente con nuestra energía/espíritu, emociones y cuerpo físico, sintonizamos con nuestra sabiduría interior.

EXPLORACIONES DEL FUEGO INTERIOR
Ceremonia del verdadero trabajo

Busca un lugar en la naturaleza para crear un altar con los objetos que encuentres: hojas, ramitas, flores, brotes. Empieza por reunir los materiales en silencio, prestando toda tu atención a los olores, las imágenes y los sonidos que te rodean. Despeja un círculo de tierra para sentarte frente a él y coloca una vela en el centro para representar tu verdadero trabajo.

Te invitamos a entrar en tu círculo y permitir que tu verdadero trabajo encienda tu fuego interior. Visualiza la relación entre la energía que hay en tu interior y tu verdadero trabajo, y cómo, al llevar tu verdadera labor al mundo de manera consciente, el fuego que hay en tu interior arde con más intensidad.

A continuación, toma cuatro piedras y colócalas en los cuatro puntos cardinales para representar tu mente, energía, emociones y cuerpo físico. Reza cualquier oración que te sientas movido a expresar.

Cuando sientas que tu ceremonia está completa, apaga la vela, pero mantén el fuego encendido dentro de ti.

Seguimiento de tus pasos

Durante los próximos tres o cuatro días, haz un seguimiento de los pensamientos y las actividades en las que inviertes tu energía. Incluye cada cosa que hagas, desde prepararte por la mañana hasta prepararte para el trabajo, desde comer el postre hasta las reuniones de negocios. Observa con curiosidad lo que ocurre, como un científico que reúne datos.

Puedes utilizar tu agenda o calendario actual para anotar lo que haces cada día, o crear una hoja de cálculo en incrementos de 15 a 30 minutos para explorar tu relación con el tiempo y tu fuego interior a lo largo del día. Una vez más, no intentes cambiar nada, solo recopila datos para aprender más sobre tus propios hábitos y patrones.

Tiempo	Actividad	Nivel de energía	Sensación / Experiencia
6:45 a. m.	Desperté	Bajo	Perezoso
7:00 a. m.	Desayuné	Bajo	Cansado
7:15 a. m.	Revisé el correo electrónico	Medio	Abrumado
7:30 a. m.	Fui al trabajo en coche	medio	Muchos pensamientos negativos
7:45 a. m.	Puse música	Alto	Mejor, más entusiasmo
8:00 a. m.	Fui a la oficina de correos	Medio	Productivo
8:15 a. m.	Escuché las noticias de la radio	Bajo	Ha disminuido totalmente mi energía
8:30 a. m.	Llegué temprano al trabajo	Alto	¡Feliz por tener media hora de tranquilidad!
9:00 a. m.	Atendí llamadas telefónicas	Alto	Productivo
9:15 a. m.	Más llamadas telefónicas	Alto	Productivo
9:30 a. m.	Tuve una reunión	Bajo	Muy autocrítico

Puede parecer tedioso o cansado hacer este nivel de seguimiento, pero es una forma estupenda de obtener un mapa general de aquello que eleva tu nivel de energía y de aquello que lo agota. Observa lo que te entusiasma y lo que te deprime, en los puntos en los que te sientes luminoso y claro, y en los que te sientes furioso o extenuado. También tendrás una idea de qué área de tu vida es la más desafiante: tu mente, tus emociones o tu cuerpo.

– LECCIÓN 3 –

DESPEJA TU MENTE

Las acciones deben surgir de una meditada quietud, no de la mera prisa.

D. H. LAWRENCE

Asistí a mi primera caminata sobre el fuego en 1990, más por capricho que por otra cosa. Mi profesora de entonces, Vicki Noble, mencionó en nuestro círculo que una amiga suya iba a organizar uno y sugirió que fuéramos. Yo estaba libre esa tarde y la caminata sobre el fuego me pareció interesante, así que me apunté. Imaginaba que sería una experiencia única, algo de lo que hablar y llevar a mi círculo, pero en realidad no tenía ni idea de en qué me estaba metiendo ni de cómo esa primera experiencia cambiaría mi vida.

Había unas 40 mujeres en el evento, que fue organizado y dirigido por la madre del movimiento internacional de Firewalking (Caminata sobre fuego), Peggy Dylan. Ella nos compartió la historia de su vida y explicó parte de la ciencia que rodea al Firewalking, regalándonos muchas historias y ejemplos prácticos y espirituales. Aunque nos explicó con gran detalle lo que debíamos esperar, no fue hasta que ella nos invitó a rastrillar uno a uno un gran montón de carbones suaves, brillantes y de color calabaza, cuando empecé a comprender lo que estaba a punto de suceder. Podía sentir el calor de las brasas irradiando desde varios metros de distancia. Chispeaban y crepitaban. ¡No se podía negar que las brasas estaban *muy calientes*! ¿Y Peggy quería que pusiéramos nuestros pies descalzos ahí y que camináramos sobre ellas? ¿Estaba loca?

Nos colocamos alrededor del fuego, expectantes. La primera mujer que se acercó a las brasas era la última persona que yo habría esperado que guiara el camino. Era mayor (o al menos así lo parecía para mi mente de 24 años, cuando en realidad tenía apenas, quizá, unos 50, que es mi edad actual), con el pelo gris crespo y un gran poncho color marrón. Se acercó al fuego, se quitó el poncho de los hombros como un torero y cruzó con confianza, con los pies descalzos crujiendo sobre las brasas.

Al principio no podía creerlo. No le dolía, no se quemaba, no gritaba. Solo marchó con decisión hacia el otro lado del lecho de brasas. Mi mente se detuvo por completo. Me quedó claro que estaba presenciando cómo lo imposible se volvía posible. Entonces otros empezaron a caminar también, y nuestros cánticos y tambores se tornaron más fuertes y festivos. De repente supe, sin lugar a dudas, que yo también podía hacerlo. Me encontré caminando hacia las brasas. Mi mente estaba del todo tranquila, mi cuerpo completamente confiado. Todas las dudas que tenía cuando nos pusimos por primera vez alrededor de las brasas se habían disipado y se alejaban como el humo de la brisa. Sabía que podría atravesar las brasas y que no me quemaría. Me miré los pies descalzos mientras se hundían en las crujientes brasas anaranjadas debajo. No sentí calor ni miedo, solo una sensación de asombro. Y entonces estaba del otro lado, riendo y llorando, incrédula por lo que acababa de hacer.

Peggy nos recordó que una de las primeras cosas que aprendemos de niños es que el fuego *siempre* quema, así que uno de los motivos por los que la caminata sobre el fuego es tan poderosa es porque la primera vez que ves a alguien pisando esas brasas a unos 700 grados centígrados, camines o no sobre ellas, esa vieja creencia se rompe de repente. La mente queda desconcertada y todos los acuerdos que has hecho desde entonces de pronto se ponen en duda. Si atestiguas que el fuego *no* siempre arde, empiezas a ver todos los demás resquicios de tu vida en los que te has permitido limitarte por lo que creías. Liberarse de uno de los primeros acuerdos que hacemos de niños nos da la oportunidad de examinar y romper con otros acuerdos que ya no nos sirven.

Esto me lleva al punto central de esta historia: dentro de tu mente se encuentra el mayor bloqueo que se interpone entre tú y la experiencia de la vida de tus sueños, perseguir con pasión tu verdadero trabajo y experimentar las llamas de tu propio fuego interior. Tu mente es el único lugar donde residen el miedo, la ansiedad y el agobio, y eso es lo que más drena nuestro fuego interior. Los pensamientos que nacen de tu mente son los que crean estos sentimientos de incomodidad y malestar, no una fuente externa.

Cuando digo esto en mis talleres, casi siempre alguien cuestiona la afirmación, diciendo algo como: "¡En mi caso no! La causa de mi estrés, ansiedad y sensación de agobio es mi trabajo, mi ex o mi pasado, ¡no mis pensamientos!". Aunque todos hemos pasado por momentos traumáticos en nuestras vidas o tal vez ahora estemos en medio de situaciones vitales difíciles, te invito a que afines un poco más tu atención. Los sucesos del mundo exterior pueden darnos algo contra lo cual despotricar; sin embargo, no son estos sucesos, sino nuestras reacciones internas ante ellos, las que drenan nuestra energía. Dicho de otra forma: las historias que nos contamos sobre los acontecimientos que experimentamos son las que minan nuestra fuerza, más que los propios acontecimientos.

Por eso es tan importante comprender el poder de los pensamientos. Pueden drenar nuestra energía vital o ayudar a motivarnos en el siguiente paso de nuestro viaje apasionado hacia nuestro verdadero trabajo.

Tómate un momento para pensar en la última vez que alguien dijo algo que te molestó. ¿Fueron realmente sus palabras —los sonidos que salieron de su boca— las que te provocaron? ¿O fueron más bien los pensamientos generados como resultado de la escucha? Por ejemplo, supongamos que alguien en la calle te llama gordo. Tu reacción puede ser enfadarte. Empiezas a pensar: "Esa persona cree que estoy gordo. Si estoy gordo, entonces soy indeseable. Si soy indeseable, nunca encontraré el amor. Si no tengo amor, ¿qué sentido tiene vivir?". Cuanto más caemos en este ciclo de pensamientos negativos, más se incrustan en nuestras creencias y acuerdos. La palabra "gordo" en sí misma no es un problema, pero cuando creamos cadenas de pensamientos negativos o, peor aún, creencias en torno a la idea de "estoy gordo", nos quedamos atrapados dentro de esa negatividad.

La verdad es que los pensamientos son solo pensamientos, pequeños destellos de actividad eléctrica dentro del cerebro, y cuando no los validamos (o no nos esforzamos por recordarlos) se apagan con la misma rapidez. A medida que te ejercitas en prestar atención a lo que sucede en tu mente y en despejarla, te haces increíblemente bueno en separar lo que es útil de lo que no lo es. Puedes filtrar tus pensamientos identificándolos conforme surgen: "Este pensamiento no es para mí. Este tampoco lo es. Este es un viejo pensamiento que estoy dejando ir. Esto es un juicio. Esto es la creencia de otra persona, no la mía".

Otra herramienta que podrías utilizar cuando notes un pensamiento lacerante es solo preguntarte: "¿Este pensamiento está alimentando mi fuego interior o lo está amortiguando?". Cuando empiezas a cuestionar tus pensamientos recuperas tu poder y despiertas tu fuego interior, en lugar de permitir que estos te arrastren como un cachorro con correa.

Encontrar la quietud interior

Cuando nuestros pensamientos se vuelven negativos, pueden convertirse rápidamente en nuestro peor enemigo en lugar de ser nuestro mejor apoyo, lo cual drena nuestra energía interna en el proceso. Por lo tanto, una de las formas más eficaces de revitalizar nuestra energía diaria es darnos cuenta de los hábitos de pensamiento negativo que tenemos, para eliminarlos y aprovechar la quietud que hay en nuestro interior.

Durante siglos, sabios, gurús y maestros de casi todas las tradiciones espirituales han invitado a los seres humanos a permanecer quietos y escuchar el silencio interior. De una forma u otra, el elemento místico de la espiritualidad nos pide que apaguemos nuestros pensamientos, que dejemos que el silencio impregne nuestra mente y estemos cien por ciento presentes en el momento que vivimos.

Pero, como puede afirmarlo cualquiera que haya intentado hacerlo, no es tan fácil, sobre todo, en el vertiginoso mundo informático que impera actualmente.

La verdad es que la quietud dentro de ti —o lo que suele llamarse *vacío* en otras tradiciones espirituales e incluso por algunos científicos— es *la fuente* de tu fuego interior. Esta tesis puede parecer contradictoria para los que vivimos en la sociedad occidental, la cual suele equiparar la acción con el progreso, pero hace tiempo que se considera una verdad espiritual fundamental en las enseñanzas chamánicas, las religiones occidentales y la filosofía budista. Por ejemplo, el texto sagrado budista *Sutra del Corazón* dice: "La forma misma es vacío: el vacío mismo es forma". En el *Tao Te Ching*, Lao-Tse escribe que el propio Tao se originó en el vacío. Volviendo al mundo occidental, el célebre científico y premio nobel Albert Einstein mostró su acuerdo al escribir: "Todo está hecho de vacío y la forma es vacío condensado".

Lo que ellos llaman *vacío*, yo lo llamo *quietud*. Estas palabras apuntan a la misma la idea: hay un vacío inexpresable dentro de todos nosotros, el cual es el núcleo de nuestro poder, nuestra energía.

Cuando observé a aquella mujer caminar sobre el fuego, mi mente se detuvo al ver que lo que antes creía imposible ahora se volvía posible. Lo que quedaba era la quietud, y desde ese lugar de quietud de pronto supe que yo también podía cruzar. De esta quietud surgió la acción, y la energía que encontré en este lugar de quietud se adelantó y me impulsó hacia y a través del fuego. Este silenciamiento de la mente, esta comunión con la quietud o el vacío, fue lo que me permitió tocar la fuente de poder y energía que había en mi interior, previamente nublada por viejos acuerdos.

La buena noticia es que para encontrar tu propia quietud interior no es necesario que presencies o experimentes un acontecimiento que te cambie la vida, como que alguien camine sobre el fuego. Siempre está ahí, cuando estés dispuesto a buscarla. Al igual que Glinda le dijo a Dorothy que siempre tendría el poder de volver a casa, nosotros también tendremos siempre el poder de encontrar este lugar de quietud y volver a él. Para empezar, simplemente debemos cultivar la habilidad de despejar nuestra mente de pensamientos.

En la sección de exploración he incluido algunos ejercicios muy específicos sobre formas de practicar la limpieza de la mente para encontrar dicha quietud interior. Esta es una habilidad que tendrás que aprender y, como cualquier otra habilidad, requiere práctica.

Por favor, recuerda que no basta con leer sobre cómo encontrar la quietud interior: debes cerrar este libro y hacerlo realmente para recibir los beneficios. Así es como la información conduce a la transformación.

Recomiendo dedicar tiempo a estas exploraciones todas las mañanas, ya que los beneficios de empezar el día despejando la mente y aprovechando la quietud son inmensos. No solo te sentirás más centrado y con los pies en la tierra, sino que descubrirás que tu mente funciona mejor a lo largo del día. A través de esta práctica, aumentas tu energía con efectividad y te alineas conscientemente con tu bien más elevado.

Aunque empezar así el día es un buen comienzo, aclarar los pensamientos no es una acción a realizar solo una vez al día, sino una potente herramienta para volver a centrarte en cualquier momento en que notes que surge la negatividad de la ansiedad, la tristeza, la melancolía… Es como cuando te lavas las manos para eliminar la suciedad o los gérmenes. Cuando te vuelves experto en barrer los pensamientos negativos, las dudas ocultas y las historias repetitivas de tu ser, creas un canal abierto para el brillo que hay en ti.

Una forma eficaz de aclarar tus pensamientos en momentos de estrés y ansiedad es tomarte un momento (incluso un segundo es suficiente) para permanecer en silencio y centrar tu atención en la pregunta: "¿Dónde está la quietud aquí?". La claridad y la quietud están siempre presentes, pero a menudo quedan enterradas bajo las divagaciones de tu mente basadas en el miedo. Centrar tu intención en encontrar la quietud en cualquier situación es una forma de elevar tu energía y afrontar cualquier obstáculo o reto percibido en el momento. Por ejemplo, si tuviera un desacuerdo o incluso una discusión con mi mejor amigo y los pensamientos negativos empezaran a nublar mi mente y mi juicio, me tomaría un momento para preguntarme: "¿Dónde está la quietud aquí?". Desde este lugar de quietud detengo mis pensamientos por un momento, y veré con claridad que esta discusión no es el fin de nuestra amistad (no importa lo que digan mis pensamientos basados en el miedo), sino más bien una oportunidad para que crecer en intimidad siendo abiertos y honestos el uno con el otro sobre nuestros sentimientos.

Créeme, ¡entiendo que requiere práctica! Pasé la primera mitad de mi vida escuchando exclusivamente a mi mente. Así que, si eres como yo, la idea de encontrar la quietud interior al principio puede parecerte desconocida, incómoda y confusa. Por eso nuestra intención es tan importante. En el momento en que enfocamos nuestra intención en encontrar la quietud, entonces nuestro estrés, ansiedad y sensación de estar abrumados comienza a disiparse, y la llama de nuestro fuego interior arde con más intensidad.

Incluso ahora, después de años de práctica, tengo días en los que debo redirigir mis pensamientos una y otra vez, pero he aprendido a hacerlo con paciencia y una sonrisa en la cara. "No, mi pequeña mente, por aquí, hacia la quietud", me digo. Mi mente protesta e intenta decirme que ni siquiera sabe lo que es la quietud, a lo que yo le recuerdo con dulzura: "Es el espacio entre los pensamientos, cariño. Es la pausa entre cada latido de tu corazón. Es la calma en tus huesos. Sigue escuchando".

Conforme sigas llevando tu atención a la pregunta: "¿Dónde está la quietud aquí?", notarás que tu respiración se vuelve más profunda. Tu mente empezará a tranquilizarse. Te sentirás más presente en tu cuerpo y serás testigo de cómo tus emociones fluyen a través de ti, en lugar de activar la ansiedad y la preocupación o de llevarte a experimentar reacciones inconscientes.

Al despejar tu mente de pensamientos, efectivamente te desconectarás del miedo y, al dirigir tu intención hacia la quietud, descubrirás que te estás abriendo a un sentido más profundo de conocimiento, discernimiento y conciencia.

Mente de niño, mente de anciano

De niños, nuestras mentes solían ser creativas, curiosas y exploradoras. Mirábamos el mundo con asombro y veíamos infinitas posibilidades de elección. Se nos ocurrían ideas inventivas, mientras nos alegrábamos de las posibilidades recién descubiertas. Por eso la imaginación y los juegos de rol eran tan divertidos cuando éramos niños; no estábamos atados por el pensamiento de que todo lo que jugábamos tenía que ser "realista".

Si observas a un niño pequeño, te darás cuenta de que su pensamiento suele estar lleno de vitalidad, fluidez y asombro. No está desperdiciando energía preocupándose por no ser lo bastante bueno, o sintiendo que debe hacer algo perfecto para ser aceptado, o expresando cualquier otra manifestación de "no soy suficiente". En cambio, los niños pequeños tan solo son ellos mismos y disfrutan de cada momento. Están jugando, deleitándose y siendo totalmente creativos con cualquier materia prima que encuentren.

A continuación, me gustaría que imaginaras la mente de una abuela o un abuelo gentil, paciente y que haya tenido una buena vida. Lo ven todo, pero dicen poco. Cuando hablan, sus palabras son tan sabias que te preguntas cómo han llegado a ser tan perspicaces. Su experiencia y su formación a lo largo de toda la vida han eliminado las preocupaciones y las dudas, y se han vuelto tan sólidos como los robles profundamente arraigados. Cuando estás en su presencia, te sientes visto por completo a través del prisma de sus corazones enormes y amorosos.

Ahora, toma una pizca de la mente infantil juguetona y una gran cucharada de la mente anciana sabia. Cuando las combinas, tienes una mente inocente, pero bien vivida, sabia y juguetona, una mente que ve la vida a través de los ojos de la curiosidad y una conexión con la quietud. Imagina cómo te sentirías si tuvieras todas estas cualidades dentro de ti: alegría y emoción infantiles con una visión aterrizada, amorosa y paciente.

Cuando estas dos mentes se mezclan, podemos disfrutar de lo mejor de ambos mundos. La *mente infantil-anciana* nos da el júbilo de un niño con la paciencia del anciano, así que cuando sucede algo que enciende nuestro fuego interior, encontramos a nuestro yo infantil aplaudiendo y exclamando: "¡Sí, quiero más de esto!". Del mismo modo, cuando sucede algo que apaga nuestro fuego con miedo o confusión, nuestro yo sabio puede intervenir y decir: "No creas en ese pensamiento temeroso" o "Presta atención, aquí hay algo más profundo para sanar", con toda la paciencia y el amor que esperarías de un agraciado anciano. La mente sabia te recordará que los pensamientos temerosos y sentenciosos no son en sí mismos el problema; *creer* en esos pensamientos es lo que nos empantana.

Combinando la curiosidad de la mente infantil con la sabiduría y la compasión de la mente mayor puedes elegir qué pensamientos son benéficos para ti, qué pensamientos quieres ampliar y cuáles puedes soltar.

Lo sorprendente es que, a medida que te conectes más con tu quietud interior, te resultará más fácil desprenderte de *cualquier* pensamiento que surja en tu mente. Y entonces serás libre para explorar algunas de las creencias subyacentes bajo los pensamientos. Conforme seas testigo de los pensamientos que apagan tu fuego, así como de los pensamientos que lo avivan, empezarás a ver estas viejas creencias con claridad. Una vez que ilumines con el foco de la conciencia cada una de ellas, empezarás a liberar lo que ya no es cierto para ti.

Puedo decirte por experiencia propia que no hay mayor libertad que despojar a tu mente de creencias obsoletas y que, como resultado, tu fuego interior arde más intensamente.

REGALOS PARA LA MENTE CLARA

- Permite que la llama de tu fuego interior queme los pensamientos negativos y los miedos.
- Sigue concentrando tu atención hacia la quietud.
- Sintoniza con la mente del niño-anciano para que tengas curiosidad y compasión sobre tu viaje, mientras reentrenas tu cerebro para superar los pensamientos abrumadores.

EXPLORACIONES DEL FUEGO INTERIOR
Empezar el día con la mente tranquila

Tómate unos minutos todas las mañanas para enfocar conscientemente tu intención en la quietud interior, despeja tu mente de lo que ocurrió el día anterior o de lo que puede ocurrir este día o el siguiente (incluso semanas, meses, años). Es más fácil hacerlo si encuentras un entorno que fomente la serenidad exterior, para que sientas la paz dentro de ti y a tu alrededor. Pregúntate: "¿Dónde está la quietud aquí?".

Tomar unos minutos cada mañana para estar quieto de forma consciente tiene un impacto asombroso en el resto de tu día. A medida que profundices en esta práctica, notarás la diferencia entre los días que empiezas con una práctica de quietud y los que no. Al entrar en la quietud, estarás concentrado y lleno de energía para el resto de la jornada, en lugar de sentirte desanimado o agotado sin ella. Empieza con 2 o 3 minutos al principio y ve aumentando el tiempo hasta alcanzar 8 o 10 minutos cada mañana.

Encontrar la calma en los momentos de estrés

En algún punto necesitarás acceder a la quietud en momentos de miedo, de agobio y de duda. Una forma de prepararse para ello es buscar la paz en momentos y lugares en los que normalmente no la esperamos, por ejemplo, en un centro comercial o un restaurante muy concurridos, en un parque de atracciones o en el coche con la radio a todo volumen. Cuando te encuentres en un lugar ruidoso o concurrido pregúntate: "¿Dónde está la quietud aquí?". La quietud dentro de ti existe incluso en esos lugares donde el miedo, la duda o el estar agobiado parecen estar a todo volumen, pero se necesita un poco más de concentración para encontrarla. Independientemente de lo que ocurra en el exterior, siempre puedes practicar para adentrarte en la quietud que hay debajo del ruido. Una vez que hayas perfeccionado esta habilidad, los lugares ruidosos pueden convertirse en una señal para que llames a la sabiduría de la mente superior y accedas a la quietud interior.

Otra forma de prepararte para buscar tu quietud en momentos de estrés es utilizar el Ejercicio de Rastreo de la primera lección.

Haz un inventario de tus pensamientos a lo largo del tiempo y fíjate en los momentos en los que estabas temeroso, estresado, abrumado o simplemente te castigabas. Estos fueron momentos en los que encontrar tu quietud podría haberte ayudado más. Al mirar hacia atrás, fíjate si hay algún momento en el que hayas encontrado tu quietud y observa cómo te ha beneficiado. Observa dónde perdiste la concentración, la energía o la sensación de conexión. Presta atención a lo que ocurrió con tu fuego interior en esos momentos y luego concéntrate en lo que pasaba en tu mente.

Al repasar esta información, la próxima vez que te encuentres en uno de estos momentos desagradables, puedes utilizarla para volver tu conciencia hacia dentro y encontrar tu quietud. En situaciones estresantes puede ser útil tener tus experiencias anteriores como guía y buscar la quietud donde la hayas encontrado en una situación similar. Al hacer esto, puedes notar que tu mente empieza a correr en lugar de ir hacia el interior. Cuando esto ocurra, simplemente lleva tu intención de vuelta a la quietud. Sigue preguntándote: "¿Dónde está la quietud aquí?".

Cuando empiezas esta práctica, puede ser muy difícil volver a centrarte en la quietud en momentos de estrés. Pero si experimentas incluso una fracción de segundo de serenidad, celébralo. Sigue recordándote que estás ejercitando un nuevo músculo, el de llevar tu conciencia hacia la quietud en lugar de concentrarte en el estrés y la preocupación.

Observa qué respuestas o ideas llegan a tu mente desde este lugar de quietud. La belleza de esta práctica es que la quietud te conecta directamente con tu sabiduría interior, que a menudo puede darte respuestas que antes no parecían evidentes.

Si no obtienes ninguna respuesta, reorienta tu atención hacia la curiosidad sobre cómo tu quietud puede ayudarte a sentirte cómodo en el misterio del no saber. Puede ser difícil, pero a veces la falta de respuesta es la única respuesta que necesitamos, ya que requiere que nos sentemos con la incomodidad y la frustración de no saber. Estar conectado con tu quietud te proporciona la paz y la aceptación de que todo funciona a la perfección, independientemente de lo que parezca en el exterior.

La purga mental

Además de aprender a moverse hacia la quietud, también hay acciones que puedes llevar a cabo para despejar tu mente. Tu práctica será doble: atender a tu quietud interior y despejar tu mente mediante la purga mental.

Aprendí a purgar la mente en el libro de gestión del tiempo *Organízate con eficacia* de David Allen. En él, su autor explica que uno de los muchos trabajos de la mente es recordarte lo que tienes que hacer, hasta la saciedad si es necesario. Si no actúas sobre lo que tienes que hacer o lo escribes, la mente salta al modo de alarma cada pocos minutos (¡incluso segundos!) para intentar que no lo olvides, repitiéndolo una y otra vez.

Lo peor es que tu mente no tiene pudor. Así que, aunque sea en mitad de la noche, ella seguirá recordándote aquello que tienes que hacer la semana entrante. La mente no declara: "Bueno, no abundaré sobre este pensamiento porque ahora no hay nada que se pueda hacer. Es tiempo de dormir, querido". En cambio, reclama: "¡Oh, Dios mío, me acordé de algo! ¡Tenemos que hacerlo ahora mismo! ¡Despierta, despierta!".

Verás, para nuestra mente, cuando tenemos un pensamiento sobre algo que es preciso hacer, a menudo lo conecta a una sensación de ansiedad o urgencia. Incluso si estamos en un lugar donde es imposible actuar, como en medio de la noche, o en una importante reunión de trabajo, o en el recital de *ballet* de nuestra hija.

Así que David sugirió algo llamado "purga mental". Se trata de lo siguiente: recoge todas las tareas pendientes que te rondan por la cabeza y escríbelas. Haz una gran purga mental y escribe todo lo que crees que deberías estar haciendo: todas las cosas que quieres hacer, todas las que deberías de haber hecho ayer y todas las que sueñas con completar algún día. Escríbelas todas. Lleva un bolígrafo contigo y, si se te ocurre algo que añadir, escríbelo.

Todo lo que está en tu cabeza o disperso en tu escritorio o en tu casa se convertirá en una gran lista. Puedes ordenar la lista más tarde, o pensar en cómo vas a llevar a cabo las acciones. El primer paso de la descarga de ideas es simplemente ponerlo todo en un solo lugar. En cuanto los elementos de las tareas pendientes están sobre el papel, tu cerebro se ve liberado de su apremiante tarea de recordarlas. En lugar de escuchar sus gritos de: "¡Despierta, despierta, tenemos que hacer esto!", puedes solo responder: "Querido, está en la lista. Ya nos encargaremos de ello".

He descubierto que esto puede ser un proceso estimulante a la vez que muy incómodo. Recopilarlo todo es, a un tiempo, difícil y divertido. Lo más probable es que tu lista sea enorme. Esta lista va a incluir tanto lo mundano (comprar comida para gatos) como tus sueños y aspiraciones (esa fantasía que tienes de viajar a un país extranjero y quedarte ahí por un año). Escribe todo lo que tienes en la cabeza, y añade las cosas que están escritas en una esquinita de la servilleta que has metido en el bolso o lo que has tecleado en la computadora. No elimines ni trates de averiguar cómo vas a conseguirlo todo, solo añade lo que surja en tu lista. Esta práctica sirve para liberar la mente.

Aunque al principio puede resultar abrumador, esta es una forma muy hermosa de despejar la mente, porque una vez que ella sabe que esos pendientes están plasmados en papel (o en la memoria de un dispositivo), puede desprenderse de ellos. Cuando tu mente confía en que tienes el asunto por escrito y sabe que vas a tomar medidas al respecto, tus pensamientos se tranquilizan. Así que, durante el proceso de mantener las listas de los pendientes al día, en realidad estamos recableando nuestra relación con la mente.

A veces me imagino a la mente como una persona preocupada y nerviosa que se muerde todo el tiempo las uñas, o que te recuerda y atosiga porque le preocupa que olvides algo (cualquier cosa). Para cambiar esto, debemos recablear nuestra relación con ella para decirle: "De acuerdo, querida, lo tengo todo controlado y no tienes que preocuparte por eso".

Cuando empezamos a ocuparnos de lo que hay que hacer en nuestra lista, la mente empieza a confiar en esta nueva forma de ser. El resultado es que la mente se apacigua, volviéndose menos nerviosa y frenética con sus listas internas de tareas pendientes a lo largo del tiempo, lo que hace que sea mucho más fácil despejar nuestra mente a lo largo del día.

– LECCIÓN 4 –

ENCUENTRA TU FE

Los acuerdos que provienen del miedo nos obligan a gastar mucha energía, pero los acuerdos que provienen del amor nos ayudan a conservar la energía e incluso a ganar energía adicional.

Don Miguel Ruiz

Aunque hay muchos aspectos de la espiritualidad que se relacionan con tu fuego interior, he descubierto uno muy útil para elevar la energía: la fe. Sé que en la sociedad actual, esa palabra a menudo viene con cierta carga; para algunos de nosotros la fe ya es una herramienta positiva, mientras que para otros tiene varias connotaciones negativas. Todos sabemos que algunos grupos religiosos han utilizado la fe como arma, y algunos miembros de nuestras comunidades científicas la consideran una tontería infantil.

Así que, antes de seguir adelante, me gustaría pedirte que dejes a un lado tus ideas preconcebidas sobre la fe, ya sean positivas o negativas, porque voy a pedirte que la veas de una manera nueva.

El diccionario Webster define la *fe* como tener "completa confianza o seguridad en alguien o algo". Desde esta perspectiva, lo cierto es que casi todos tenemos fe y la depositamos en cosas o personas todos los días. Por ejemplo, subimos el interruptor de la luz con fe en que las luces se encenderán. Marcamos un número de teléfono y tenemos fe en que nuestro ser querido responderá. Nos levantamos por la mañana con fe en que el sol saldrá.

Al verlo en este contexto, parece que todos ya tenemos una relación con la fe, aunque no la reconozcamos como tal. En esta lección utilizaremos la fe como una poderosa herramienta para elevar nuestro fuego interior, en concreto, cuando conectamos conscientemente con su aspecto más profundo.

A diferencia de las muchas cosas en las que ponemos la fe cada día de forma inconsciente, tu fe más profunda es una elección consciente. Es donde puedes elegir con qué quieres conectar. En mi caso, elijo conectar con lo que considero un poder más grande, profundo o amplio que yo. Este tipo de fe no consiste en fomentar la jerarquía de desiguales ni en rehuir la responsabilidad, sino en admitir simplemente que el mundo es más grande que yo y que trabaja en mi beneficio.

Cuando me conecto a mi fe más profunda, *elijo* mirar hacia algo más grande que mi estrecho enfoque del día a día; yo *elijo* creer que este poder está diseñando las circunstancias para mi bien final. Quizá para muchos sea difícil creer que existe un poder mayor que está de nuestro lado y que orquesta los acontecimientos para conducirnos a nuestro mayor bien. Si te encuentras renuente a esta idea, también está bien. Tu fe más profunda no tiene que ser una presencia divina; puede ser tan simple como tener fe en que el sol saldrá mañana al igual que hoy. Pero, en aras de la experimentación, te invito a dejar de lado tu resistencia por un momento para explorar la conexión entre tu fe más profunda y tu fuego interior.

Me gustaría que guardes silencio por un momento, que respires profundo y te plantees una simple pregunta: "¿Dónde quiero poner mi fe más profunda hoy?". A continuación he enumerado algunos ejemplos. Comprueba cuál de ellos, si es que hay alguno, resuena dentro de tu ser:

- Tengo fe en que todo se está desarrollando como debería.
- Tengo fe en que el Universo está coordinando las circunstancias para mi bien final.

- Tengo fe en que encontraré la manera de superar los obstáculos en mi vida.
- Tengo fe en que mis ángeles, ancestros y espíritus guías me cuidan.
- Tengo fe en la sabiduría de mi corazón.
- Tengo fe en Dios.
- Tengo fe en la Madre Tierra.
- Tengo fe en la vida.

En cuanto a mí, a veces en los momentos más duros de la vida, esto es lo único que soy capaz de creer:

- Tengo fe en que voy a recuperar mi fe.

Ahora bien, una vez que has respondido a la pregunta de dónde quieres experimentar la fe, he aquí lo que hace que la conexión con tu fe más profunda sea diferente a tener fe como nos lo ha enseñado la sociedad. Para la mayoría de la gente en nuestra sociedad, la fe es una creencia, es solo una actividad mental. Pero la fe de la que hablo es algo más que un proceso mental; se trata también de *sentir* tu fe, en lugar de pensar en ella o contenerla solo dentro de tu mente. Es una decisión consciente de dirigir la energía de tu cuerpo, tu fuego interior, para conectar con un poder mayor al tuyo.

A menudo digo que la mente no necesita "creer en" la fe para que esta sea efectiva, porque tu mente puede tener todo tipo de opiniones, dudas y creencias negativas sobre la fe. Pero cuando sientes tu fe estás estableciendo una conexión más profunda y fuerte con ella. Es un concepto difícil de describir con palabras, porque el acto de sentir la fe no es algo que se pueda definir en la sociedad actual. Pero es un proceso que consiste en ir más allá de tu mente pensante, entrar en tu cuerpo y dejar que tu cuerpo *sienta* la conexión. Puede ser algo difícil de dominar, pero dos herramientas muy útiles que tenemos para sentir la fe más profunda son *nuestra respiración y nuestra imaginación*. Por ejemplo, inhala hondo y siente el apoyo de lo que elijas para poner tu fe (la Madre Tierra, Dios, la creencia de que todo sucede como debería, etcétera), y mientras exhalas, imagina que estás liberando conscientemente cualquier miedo, ansiedad o preocupación sobre el futuro o arrepentimiento del pasado. Mientras lo haces, intenta sentir tu energía interior. Es posible que sientas una sensación eléctrica o de hormigueo en el pecho o en el centro de tu cuerpo; tal vez sientas que tus hombros se aflojan conforme te asientas en tu energía; o quizá sientas algo totalmente distinto. Sea cual sea el caso, si miras en profundidad, encontrarás una sensación que está presente tanto en tu cuerpo físico como en tu mente. Así sabrás que estás empezando a sentirte dentro.

Respirar con conciencia estimulará tu sistema nervioso y ralentizará todos los demás sistemas, lo que te ayudará a estar más presente y a sentir mejor el poder de tu fe más profunda.

Cuando estamos abrumados, estresados y ansiosos, no estamos conectando nuestro fuego interior con nuestra fe más profunda. En cambio, estamos poniendo nuestra fe en las labores que tenemos por delante, en nuestra lista de tareas pendientes y en los papeles que desempeñamos en el mundo, y no en nuestro verdadero trabajo. Ponemos nuestra fe en cosas transitorias e intentamos controlar su comportamiento.

Te recomiendo que cada mañana conectes con tu fe más profunda. Yo lo hago junto con la limpieza de mi mente, con el fin de tener una base sólida y tranquila para mi día y fomentar esa conexión con mi mente clara y mi fe más profunda, sin importar las tareas que deba emprender. Cuando me siento abrumada, estresada o con el deseo de controlar las cosas, me resulta especialmente útil tomarme unos momentos para volver a practicar este ejercicio y regresar a mi fe más profunda. Al final de este capítulo, y más adelante en el libro, veremos ejercicios específicos para hacerlo.

Lo opuesto a la fe: control y actividad

Me resulta sorprendente que se preste tan poca atención a uno de los hábitos más comunes que compartimos los seres humanos: nuestros constantes intentos de controlar las cosas. Este patrón es tan prolífico que la mayoría ni siquiera reconoce que lo hace y la sociedad lo acepta como algo normal. Pero si lo examinamos más de cerca, nuestro deseo de controlar las cosas —o de imponer nuestras exigencias internas y externas sobre cómo debe ser el mundo— es, de hecho, lo contrario a la fe. Si la fe es tener total confianza en alguien o en algo, intentar controlar los acontecimientos y las circunstancias externas indica que no tenemos confianza en que esas cosas vayan a fluir favorablemente y que necesitamos intervenir para intentar forzar el resultado deseado.

Para ser claros, esto no significa que no intentemos crear las cosas que queremos ver en el mundo, pero hay una línea sutil entre esforzarnos para crear lo que queremos en una situación e intentar controlar esa situación y *forzar* el resultado que deseamos. Aunque sea una distinción discreta en el exterior, la diferencia que sentimos en el interior es asombrosa, porque nuestro intento por controlar las cosas *drena* nuestra energía, pero practicar nuestra fe más profunda la *potencia*.

La verdad es que cada vez que te encuentras sufriendo, el noventa y nueve por ciento de las veces es porque estás tratando de controlar a alguna persona o situación, en un intento sutil (o no tan sutil) de lograr un resultado deseado.

Cuando nos decimos cosas como: "Tengo que lograr esto", o "Él/Ella debe hacer aquello", o "Esta situación debería ocurrir así", entonces creamos una tensión interna que consume nuestra energía. Compara lo anterior con las veces en las que te dices: "Voy a hacer lo mejor que pueda en esta situación, pero sé que cualquier resultado que ocurra es para mi mayor bien". Esto último mantiene nuestra energía intacta, ya que nos hemos comprometido a alinearnos con el mundo, en lugar de luchar para que el mundo se alinee con nosotros. Esta es la mentalidad que tenemos cuando conectamos con nuestra fe más profunda.

Aquí está el truco: cuando nos enfrascamos en las actividades cotidianas de la vida, nuestra atención a menudo se aleja de nuestro fuego interior, y cuando nos olvidamos de él, la felicidad depende del resultado de las actividades externas. Este ensimismamiento en las cosas externas es lo que llamo *ocupación*, y a menudo es el lugar donde nos alejamos de nuestra fe más profunda y adquirimos el hábito de tratar de controlar las cosas. Este hábito es persistente, incluso para quienes llevan muchos años en el camino del cambio, pero si podemos atraparnos en la etapa de la ocupación, entonces también podemos evitar el sufrimiento causado por el intento de controlar las fuerzas externas.

Por ejemplo, hace poco tuve una experiencia que me sirve de recordatorio. Estoy en el proceso de lanzar mi libro más reciente, *El camino de la diosa guerrera*, mientras escribo el presente libro, *Despierta tu fuego interior*. ¡Así que practico lo que estoy escribiendo mientras lo escribo!

Me la pasaba revisando las redes sociales cada tantos minutos para ver cómo iba el lanzamiento, respondiendo los correos electrónicos con preguntas sobre mi negocio de enseñanza, y también intentando trabajar en este capítulo. Como puedes imaginar, me costaba mucho concentrarme en una sola tarea. Empecé a sentirme abrumada por todo ello y entonces surgieron en mi mente los siguientes pensamientos: "¡Más vale que este lanzamiento salga bien! ¡Tengo tantas otras cosas que hacer! No voy a lograr hacerlo todo, ¡no estoy haciendo lo suficiente!". También me di cuenta de que detrás de estos pensamientos había una vieja creencia de que no soy suficiente.

Notar estos pensamientos fue mi señal y me di cuenta de que estaba tan ocupada, tratando de hacer demasiadas cosas a la vez que, como consecuencia, empezaba a querer controlar el resultado. No estaba centrada en mí y en lo que es mi verdadero trabajo, sino que tenía toda la atención puesta en el exterior. Sabía por experiencia que esto significaba que era el momento de un reinicio, así que respiré profundo y busqué una manera de liberar mi sentido de estar ocupada y el deseo de controlar.

Decidí dar un paseo al aire libre y conectarme con la naturaleza. Mientras caminaba por el sendero del bosque que hay detrás de mi casa, repasé lo que me había repetido durante toda esa mañana y me di cuenta de que estaba centrada en el resultado, en lugar de confiar en que todo se estaba desarrollando como debía. Dejé de caminar y encontré un lugar para acurrucarme entre unas grandes rocas. Tomé la decisión consciente de salir de ese lugar de ajetreo y conectar con mi fe más profunda.

Al sentarme entre aquellas rocas, me tranquilicé y empecé a sentir mi fe más profunda. Comencé a decirme estas frases una y otra vez en mi mente, concentrándome en los sentimientos que estas generaban en mí mientras las repetía:

Tengo fe en que todo se desarrolla como debe.
Tengo fe en que todo es perfecto.
Tengo fe en que soy suficiente.

Después de unos minutos me sentí mucho más centrada. Volví al trabajo, mi concentración se había restablecido y ya no cargaba el peso del mundo sobre mis hombros.

Como todos sabemos, ciertas situaciones de la vida requieren plazos y exigencias, y esas cosas tienen el potencial de drenar nuestra energía si lo permitimos. Por eso, nuestro objetivo es centrarnos más que dispersarnos cuando nos encontremos con ellas. El truco está en que cuando mantenemos nuestra atención en nuestra fe interna, en lugar de en las cosas externas y los resultados que están fuera de nuestro control, nos volvemos mucho más eficaces y felices en el proceso. Otra forma para mantenerse presente y al mismo tiempo fuera de la actividad es similar a algo de lo que ya hemos hablado: hacernos preguntas en los momentos de malestar. Antes te invité a preguntarte: "¿Cuál es mi verdadero trabajo aquí?", en momentos de estrés o mientras desempeñabas un papel en el mundo, con el objetivo de volver a centrarte en tu verdadera labor. En la última lección nos preguntamos: "¿Dónde está la quietud aquí?", en situaciones en las que nuestra mente está dispuesta a salirse de control.

El cuestionamiento es también una forma rápida de reconectar conscientemente con tu fe más profunda. En los momentos de mayor actividad, cuando sientas que el ajetreo cobra impulso, pregúntate: "¿Cuál es mi fe más profunda en este momento?", como hice yo cuando di mi paseo por la naturaleza. Hacerlo puede calmar tu espíritu y mantenerte anclado en la verdad de que todo saldrá bien.

En conjunto, estas preguntas actúan como mantras y punteros que te muestran el camino de vuelta a ti mismo una y otra vez. Utilizarlas con eficacia aviva las llamas de tu fuego interior cuando te enfrentas a los obstáculos a lo largo del día.

REGALOS MÁS ALLÁ DE ESTAR OCUPADO

- Date cuenta de cuándo empiezas a ocuparte y a caer en el hábito de intentar controlar las cosas.
- Elige dónde quieres poner tu fe y siéntela.
- Repite estos dos pasos tantas veces como sea necesario.

EXPLORACIONES DEL FUEGO INTERIOR
Visualizar la facilidad

Con esta visualización exploraremos el sentimiento de un mundo sin ocupaciones, en el que recurrimos a nuestra fe, en lugar de al control, en momentos de ansiedad.

¿Cómo serían tus días si no estuvieras ocupado? Haz un miniretiro en tu mente ahora mismo. Deshazte de todas las cosas de tu mundo que te provocan una sensación de estar ocupado, como los correos electrónicos, los proyectos de trabajo, tus listas de tareas pendientes en casa, estar al día con tus hijos, limpiar tu casa, etcétera. Imagina que te desprendes de cualquier creencia que te haga estar ocupado para evitar tus sentimientos o para aparecer de cierta manera ante los demás. Estas creencias pueden ser cualquier cosa, desde la falta de autoestima, el temor a no ser suficiente o el clásico "debo trabajar para volverme un ser humano valioso". ¿Puedes relajarte para no sentirte ocupado?

Sueña con vivir un año completo sin ninguna sensación de ajetreo. ¿Qué harías con tu tiempo? ¿Cómo te relacionarías con otras personas? ¿Cómo te sentirías con respecto a tu persona? Cierra los ojos y explora a profundidad una vida más allá del ajetreo.

Ahora, manteniendo esta visión de la vida presente en tu cuerpo, practica traer este estado de no ajetreo que sientes a tu situación de vida presente o actual. Imagina que tienes el tiempo y la energía para lograr lo que te propones. No hay necesidad de apresurarse o de presionarse. Hay tiempo para tomar una taza de té con un amigo o para trabajar en un proyecto creativo con el que has estado soñando. Puedes actuar sin prisas y con amplitud. Aunque haya muchas actividades diferentes en tu día, estás presente en cada una de ellas. Y te sientes confiado, relajado y fluyes con gracia de una actividad a otra.

Ahora deja de lado esta fantasía y vuelve a tu momento presente. Trae la sensación de "no-ocupación" de vuelta contigo a este momento.

Quieres utilizar esta visualización como una piedra de toque, no para compararla con tus experiencias actuales. No es una vara para que te midas con ella o para que te sientas frustrado porque las cosas no son diferentes en tu vida. El estado de sentimiento de liberación de la ocupación que has aprovechado es una oportunidad para que te abras a nuevas formas de estar en el mundo. Ahora sabes hacia dónde te diriges. ¡Entusiásmate con las posibilidades!

Práctica de mantras

Durante los próximos tres o cuatro días tómate un momento durante la comida —o alrededor del mediodía— para repetir las frases que enlisto a continuación. Dilas en voz baja, hazlas en el baño de tu oficina de ser necesario, y luego observa cómo te sientes el resto del día.

Tengo fe en que todo se está desarrollando como debería.
Tengo fe en que todo es perfecto.
Tengo fe en que soy suficiente.

Mientras dices esas palabras practica realmente el sentimiento de tu fe. Puedes anclar las palabras en tu cuerpo tocando tu corazón o poniendo una mano en tu vientre mientras repites las frases. Sigue convirtiendo el sentimiento de fe en una experiencia y encuentra verdaderamente la energía de la fe en tu cuerpo.

— LECCIÓN 5 —

ACEPTA TUS EMOCIONES

A medida que aumentaban mis sufrimientos, pronto me di cuenta de que había dos maneras de responder a mi situación: reaccionar con amargura o intentar transformar el sufrimiento en una fuerza creativa. Decidí seguir este último camino.

MARTIN LUTHER KING JR.

En Occidente, a menudo nos enseñan a separarnos de nuestras emociones y utilizamos en exceso nuestra mente lógica para ser "eficientes" y "eficaces". Las emociones se consideran un lastre que reduce nuestra productividad y se interpone en nuestra labor. Además, las emociones difíciles, las que nos desagradan, nos hacen sentir incómodos. ¿No es esa una razón suficiente para evitarlas por completo?

En este viaje para despertar nuestro fuego interior necesitamos comprender la relación que existe entre nuestra energía interior y nuestras emociones. Esta interacción entre las emociones y la energía es algo que todos hemos experimentado muchas veces en la vida, pero no siempre somos conscientes de ello.

Por ejemplo, ¿por qué después de un buen llanto nos sentimos mucho mejor, incluso con energía? Del mismo modo, un ataque de risa puede dejarnos llenos de energía y listos para seguir adelante. En ambos casos, nuestra energía renovada se debe a la conexión entre la liberación de emociones y nuestro fuego interior. A este tipo de liberación emocional yo la llamo *permitir el flujo emocional*. Con tanta fecuencia reprimimos nuestras emociones en lugar de permitirnos sentirlas, que el río de nuestras emociones se atasca, como si se hubiera creado una presa en él. Para empezar, esto no nos hace sentir bien y fácilmente nos lleva a sentirnos abrumados o a tener estallidos de estrés o frustración. Pero cuando permitimos que nuestras emociones fluyan y las sentimos conforme surgen —incluso las negativas— desbloqueamos el dique emocional, lo que a su vez permite que nuestro fuego interior arda también con intensidad.

Esto nos lleva a preguntarnos qué sucede con nuestro fuego interior cuando reprimimos nuestras emociones. Me parece que ya conoces la respuesta: nos sentimos agotados, porque en lugar de emplear esta energía que fluye libremente para promover nuestro verdadero trabajo, la hemos estado usando para rellenar, contener y cargar estas pesadas emociones. Con el tiempo, podemos acumular toda una vida de emociones pesadas sin darnos cuenta del impacto que tienen en nuestro fuego interior.

Imagina que llevas una gran mochila llena de todas las emociones no expresadas que has ido acumulando a lo largo de tu vida. Quizá algunas las hayas metido conscientemente, como cuando te dijiste: "No quiero sentir esto", y evitaste que surgiera el sentimiento. Otras se añadieron de forma inconsciente, quizá porque no entendías lo que sentías en ese momento o tan solo no sabías cómo expresar la emoción de forma adecuada. Algunas de estas emociones vienen de muy atrás y, sin darte cuenta, las has estado arrastrando durante muchos años, como cuando tu padre se marchó de tu vida cuando eras pequeño, tu negativa a llorar después de que un compañero de clase te dijo que eras feo, o incluso el inmenso amor que sentías por un compañero de escuela y que apagaste porque nunca fue correspondido.

Estas emociones no han desaparecido, aunque no pienses en ellas regularmente. He descubierto que pueden reactivarse en nuestra vida diaria cuando nuevas situaciones las desencadenan, aunque no seamos conscientes de la conexión.

Por ejemplo, tengo una amiga cuyo padre murió de forma inesperada cuando ella era apenas una niña. Ella recuerda que no sabía qué hacer con todas las emociones que sentía en ese momento, en parte porque se crio en una familia que no solía hablar de sus sentimientos ni expresarlos. Ahora, siendo adulta y con hijos propios, se dio cuenta de que cuando veía películas infantiles en las que moría uno de los padres (películas animadas como *El rey león* o *Buscando a Nemo*, de Disney), empezaba a llorar sin control. No hace falta saber todo lo que Sigmund Freud sabía para ver la conexión. Ella llevaba cargando estas emociones durante casi 30 años, pero se desencadenaron y provocaron esta reaccón en ella hasta que se sentó con sus propios hijos a ver estas películas. Cuando ella y yo hablamos de ello, se dio cuenta de que no había compartido gran parte de su dolor cuando murió su padre y que, en cambio, había intentado ser "la fuerte" para otros miembros de su familia. A través de nuestra exploración conjunta, se dio cuenta de que se había aferrado a una vieja creencia de que "ser fuerte significa no llorar ni expresar sentimientos", y pudo reescribirla con conciencia en una nueva creencia de "soy fuerte cuando expreso mis sentimientos". A partir de entonces pudo llorar cuando era necesario, y comprendía que hacerlo en realidad es una muestra de fortaleza y un uso mucho mejor de su energía, que intentar reprimir esas emociones durante otras tres décadas.

En un caso menos evidente, un alumno mío se dio cuenta de que lo aquejaba una emoción desbordante cuando se sentía "acusado" de hacer algo que no había hecho. (También se dio cuenta de que tenía tendencia a interpretar las preguntas como acusaciones). Además, sentía una fuerte necesidad de defender a cualquiera que fuera acusado erróneamente y se enojaba mucho cuando veía noticias de personas liberadas de la cárcel después de que se anulara una condena equivocada (como sucede a veces con las pruebas de ADN).

En una de nuestras reuniones, compartió conmigo que de niño fue acusado injustamente de desobediencia por sus padres, quienes lo castigaron y lo humillaron. Como nunca se sintió escuchado y le dijeron que sus sentimientos eran erróneos, él reprimió estas emociones y trató de olvidar lo sucedido. Como adulto, al principio no creía que este suceso le hubiera dejado huella, pero cuando abordamos el asunto con detenimiento él pudo comprender que estas emociones reprimidas estaban afectando su vida presente.

Aunque escrutar nuestros años de formación es un punto de partida útil para las viejas emociones que aún arrastramos, muchos de nosotros tenemos vivencias mucho más recientes que nos persiguen.

Por ejemplo, una de las mujeres con las que trabajo, Anne, se dio cuenta de que continuamente se sentía irritada por uno de sus compañeros de trabajo. Intentaba ser paciente y clara con él, pero algunos días se descubría criticándolo injustamente, como siguiendo una rutina. Un día, incluso le gritó por no cumplir un plazo de entrega de poca importancia. Él se mostró desconcertado y ella se sintió culpable y sorprendida por su arrebato.

Cuando Anne me llamó para pedirme consulta la invité a profundizar: "¿Qué te molesta de tu compañero de trabajo? ¿Podría haber una emoción que estás evitando o que has enterrado dentro de ti?". Empezó a describir que le disgustaban mucho las personas necesitadas y que quería que todos a su alrededor fueran *fuertes*. Sentía que su compañero de trabajo se apoyaba demasiado en ella. Tras decir eso, inhaló profundo y se detuvo.

"Mi marido murió el año pasado", me dijo. "Cuando eso pasó, me prometí no necesitarlo ni flagelarme con su recuerdo. Desde entonces me he obligado a ser productiva y fuerte." Entonces, mientras empezaba a llorar, agregó: "Nunca me he permitido vivir el duelo de verdad, porque no quiero sentirme como una persona necesitada".

"¿Puedes darte permiso para llorar tu pérdida, extrañarlo y necesitarlo?", le pregunté. "Tal vez ahora sea un sentimiento aterrador e incómodo, pero te prometo que pasará; entonces tendrás más paz."

Más tarde, Anne contó que, tras darse cuenta de esto, empezó a abrir la puerta, a invitar a sus verdaderas emociones y a dejarlas fluir. Aunque este proceso fue intenso, encontró más claridad y compasión una vez que liberó toda la energía que estaba utilizando para retener su dolor.

"Tenía mucho miedo de no poder dejar de llorar si me permitía extrañar a mi marido. Pero ha sucedido lo contrario. Liberar la emoción provocó que no esté llorando por dentro todo el tiempo, y gracias a esto ahora siento que tengo en mi compañero de trabajo a un aliado, en lugar de verlo como una molestia."

Como demuestran estos ejemplos, cuando reprimimos o no liberamos por completo nuestras emociones, estas resurgirán en situaciones que no les corresponden provocando reacciones inconscientes. Además, aunque no nos demos cuenta, este relleno de nuestras emociones consume mucha energía. Nuestro fuego interior no puede arder con fuerza porque nuestra energía interior ya se está utilizando para mantener esta contención inconsciente de nuestras emociones. Por lo regular no establecemos la conexión entre ambas cosas, pero conforme aprendemos a ser conscientes y a notar nuestras emociones, podemos trabajar para despejarlas, lo que a su vez liberará nuestra energía para asumir nuevas tareas que estén alineadas con nuestro verdadero trabajo.

Detectar y liberar las emociones

Todos hemos experimentado acontecimientos dolorosos e incluso traumáticos: la muerte de un ser querido, una ruptura importante o un divorcio, violencia, enfermedad, problemas financieros, etcétera. Me gustaría que te tomaras unos minutos para traer a tu atención consciente cualquier acontecimiento que haya afectado tu vida, ya que ahora miraremos hacia atrás desde la perspectiva de los sentimientos no resueltos que mantienes en torno a estas circunstancias y revisaremos cómo afectan a tu fuego interior. Muchos de mis estudiantes tienen una reacción visceral inicial para decir que "han resuelto por completo estas emociones", pero al examinarlo más de cerca no siempre es así. Según mi experiencia, incluso las experiencias pasadas que hemos afrontado una y otra vez pueden seguir surgiendo de vez en cuando, por lo que es de vital importancia saber cómo ser más astuto para detectarlas y aprender a permitir que fluyan a través de nosotros de forma adecuada, incluso cuando se trata de un asunto que creemos que ya superamos.

¿Cuáles son algunas de tus experiencias vitales traumáticas? ¿Cómo te sentiste en ese momento? ¿Tienes alguna carga emocional pesada que lleves contigo como resultado de esas experiencias? ¿Alguna vez has notado que se desencadenan por eventos no relacionados con tu vida actual? Considera también lo siguiente: cuando experimentas acontecimientos que provocan emociones no deseadas (como la tristeza, el miedo o la vergüenza), ¿tiendes a reprimir estas emociones en un intento de no sentirlas?

Dedica unos minutos a escribir las respuestas a estas preguntas y a sentir realmente las emociones, revisando lo que estas instancias afloran en tu interior. Es importante identificar y escribir palabras para los sentimientos, ya que esto te ayudará a liberarlos mejor. Por ejemplo, "me siento mal" es un buen comienzo, pero también es demasiado vago. Profundiza y observa qué otros sentimientos encuentras: culpa, vergüenza, remordimiento, miedo, traición, impotencia, abuso, resentimiento, tristeza y dolor son ejemplos de palabras que te ayudarán a identificar y expresar un sentimiento con precisión, lo cual es un paso necesario para liberarlo. En los ejercicios del final de esta lección veremos más formas de dejar ir estos sentimientos ya identificados.

Quizá muchos no seamos capaces de precisar el origen de ciertos sentimientos tan fácilmente como en los ejemplos que ya he presentado, y eso está bien. No es necesario saber exactamente la causa de su acumulación para eliminarlos. Ser consciente de los sentimientos y liberarlos conforme surgen en el momento presente es lo que, con el tiempo, conducirá al desbloqueo de las emociones antiguas, estancadas o congeladas. Sacar estas emociones de tu mochila liberará tu fuego interior, y como resultado experimentarás más alegría en tu vida.

Lo importante aquí es que, cuando empiezas a *aceptar* tus emociones, en lugar de reprimirlas o ignorarlas, mantienes tu fuego interior vibrante y libre. Ignorar y recluir las emociones no hace que desaparezcan. Cuanto más cargues las emociones no deseadas en tu mochila, más energía interior tendrás que usar para mantenerlas a raya. Con el tiempo, hacer esto provoca pesadez, melancolía o hasta enfermedades que son causadas por las emociones reprimidas, y la gente no se da cuenta de ello.

Hay otros beneficios fantásticos que experimentamos cuando aprendemos a abrirnos con gracia y a abrazar nuestro flujo emocional. Una vez que hayas creado un espacio interior, verás cómo tu cuerpo emocional se convierte en uno de tus mejores recursos para crear magia en tu mundo exterior.

Liberar las emociones crea espacio para la intuición

He descubierto que existe una increíble correlación entre un cuerpo emocional en flujo y la intuición. Este es uno de los fabulosos beneficios de poner atención a tu cuerpo emocional: no solo te volverás más adaptable y te llenarás de más energía y vitalidad, sino que también estarás más sintonizado con las sutilezas de tu intuición. Cuando gastamos energía reprimiendo las emociones, no somos capaces de utilizarlas como un guía y un maestro, que es la esencia de la intuición. Por eso, cuando experimentamos nuestra intuición solemos decir: "Tengo un *presentimiento* sobre esto...". Tus emociones son un componente vital para aprender a pasar a las acciones que están conectadas con la sabiduría de tu conocimiento interior.

En otras palabras, cuando cambias de la preocupación a tu inteligencia emocional innata, aprovechas la magia.

El término *magia* se utiliza aquí para expresar la manifestación de lo inesperado, algo que está más allá de la capacidad de la mente para captarlo: "¡Fue como magia!". Quizá, cuando eras niño, tuviste una relación íntima con la magia.

De niños solemos tener amigos "mágicos" invisibles, y nuestras mentes curiosas y abiertas ven posibilidades en lugar de limitaciones. El sentido de la maravilla infantil potencia los momentos mágicos, mientras que un enfoque rígido y lógico nos separa de la magia.

He experimentado este tipo de magia muchas veces a lo largo de mi vida, pero un ejemplo reciente sucedió mientras trabajaba en la promoción del libro *El camino de la diosa guerrera*. Tenía una enorme lista de personas a las que debía llamar para hablarles sobre la gira del libro, y no estaba segura de por dónde empezar. De inmediato sentí que la ansiedad y el agobio afloraban en mí al ver la lista. Mi mente lógica se puso en marcha y dijo: "¡Es hora de ponerse manos a la obra! Tenemos mucho que hacer. Empieza por el principio y avanza en la lista". Yo sentía una abrumadora pesadez y el susurro de los duendecillos del "no es suficiente": no tendré suficiente tiempo, es demasiado y no soy suficiente. Me di cuenta de que esto me recordaba a las emociones que sentía durante mi estancia en Berkeley. Así que cerré los ojos y me centré, permitiendo que mis emociones fluyeran. Cuando abrí los ojos y volví a mirar la lista, uno de los nombres llamó mi atención y sentí un profundo saber en mi ser.

Llama a Kathy ahora.

Abrí los ojos y miré el reloj. Kathy era la editora de una revista en la que yo quería publicar un artículo y, por nuestros husos horarios distintos, en aquel momento para Kathy serían apenas las siete de la mañana.

"No puedo llamar a Kathy ahora: ¡es muy temprano!", dijo mi mente lógica como respuesta.

Llama a Kathy ahora, el saber llegó de nuevo, desde un lugar de presencia tranquila y silenciosa.

"Son las siete de la mañana. Se supone que no debes llamar a la gente antes de las nueve", replicó mi mente.

Llama a Kathy ahora.

Mi mente lógica se oponía enérgicamente, porque si tomaba la medida que mi cuerpo emocional me instaba a tomar, temía que Kathy pensara que estaba siendo grosera. Ya llevaba un mes intentando localizar a Kathy, sin éxito. Esta sugerencia también irritó a la perfeccionista dentro de mí, que quería empezar por el principio de la lista e ir en orden alfabético. Sin embargo, mi cuerpo emocional continuó diciéndome que llevara a cabo esta acción a través de la constante sensación de saber. Tomé el teléfono y llamé a Kathy.

Para total sorpresa de mi mente lógica, Kathy atendió la llamada, me dijo que estaba encantada de saber de mí y en cinco minutos pactamos la publicación de un artículo y la organización de un evento. Mi ser interior sabía que esto era el poder de la intuición en pleno funcionamiento.

Para encontrar la facilidad y la fluidez en tu vida es necesario escuchar los impulsos y las percepciones de tu cuerpo emocional despejado, que es tu conexión con la magia.

Tus emociones y tu verdadero trabajo

Cuando liberas tus emociones, estas pueden convertirse en una herramienta maravillosa para encontrar y permanecer en contacto con tu verdadero trabajo. Cuando algo simplemente "se siente bien", a pesar de lo que la mente lógica diga al respecto, entonces has aprovechado una sabiduría que es más grande y más poderosa que el pensamiento por sí solo.

Sintonizar con las emociones aviva las llamas de nuestro fuego interior mostrándonos lo que en verdad es importante. Por ejemplo, digamos que te encuentras en una situación en la que estás eligiendo entre dos trabajos o rumbos profesionales. Tu cerebro lógico puede decirte que "tomes el trabajo mejor pagado, con más prestaciones y potencial de crecimiento a largo plazo", pero tus emociones te atraen hacia el que te hace sentir bien por dentro.

Hace poco, un amigo me preguntó qué me haría sentir totalmente abundante. Empecé a pensar en las cosas "normales" por las que la mayoría de nosotros luchamos: una casa, un coche nuevo, más dinero en el banco. Me sentí bien al imaginarlas, pero intuí que había algo más. Guardé silencio y me pregunté de nuevo: "¿Qué te haría sentir abundante?". Y la respuesta llegó de inmediato como un sentimiento: me sentiría abundante si dedicara más tiempo a una organización sin fines de lucro que ayude a los demás. Mi cuerpo físico se relajó y mi cuerpo emocional bailó de alegría, porque me estaba alineando con mi corazón y mi verdadero trabajo, y no con los pensamientos estrictamente lógicos de mi cabeza.

Alinear nuestro cuerpo emocional con nuestro verdadero trabajo tiene resultados sorprendentemente maravillosos, pero el truco es permanecer abierto a la respuesta, sin forzar tus propias expectativas de lo que crees o quieres que sea la respuesta. Por ejemplo, una amiga mía quería dejar su trabajo en el gobierno y convertirse en masajista. Sentía que su verdadera labor era el servicio. Pero cada vez que pensaba en dejar su trabajo, se sentía asustada y abrumada. Al principio se juzgaba por tener miedo de dar el salto a un nuevo campo profesional. Decidió que solo quería empujarse a través de sus emociones.

Hablamos de esta decisión durante algún tiempo y mientras lo hacíamos le pregunté: "¿Qué necesita tu cuerpo emocional para centrarse en tu verdadero trabajo?".

Su respuesta inmediata fue: "Estabilidad".

"Genial. ¿Te parece estable dejar tu trabajo ahora mismo?".

"No", me dijo. "¿Pero no debería luchar por mi verdadero trabajo? ¿No me estaría defraudando si me quedo en mi trabajo actual?".

"Escucha tu cuerpo y tus emociones", le insté. "¿Qué es verdad aquí?".

Cuando dejó de pensar en lo que *debía* hacer a continuación y se acomodó para sentir sus emociones, se reconectó con una sensación de paz. "Necesito servirme primero", dijo. "Llegar a un lugar donde me sienta más estable y segura dentro de mi persona, y donde tenga más dinero en mi cuenta de ahorros para poder mantenerme mientras hago la transición a mi verdadero trabajo. Mi empleo actual es perfecto para eso. Así que, al quedarme en él por ahora, ¡*estoy* cumpliendo con mi verdadero trabajo!".

No era la respuesta que ella pensaba obtener, pero debes recordar que no existen respuestas "correctas" para las muchas preguntas de la vida. Las únicas respuestas verdaderas surgen de una alianza amorosa con tu cuerpo emocional y tu verdadero trabajo.

A medida que abrimos nuestro cuerpo emocional y permitimos la sanación, el flujo mágico aviva nuestro fuego interno para que arda aún más. La conclusión es que las emociones en sí mismas son una forma de energía, y cuando las reprimimos las atrapamos dentro de nosotros, donde causan estragos en la energía primaria que es nuestro fuego interior.

REGALOS DE FLUIDEZ EMOCIONAL

- Reconectar con nuestro cuerpo emocional, en el trabajo y en el juego, es vital para nuestro fuego interior.
- Las emociones estancadas, congeladas o inundadas nos mantienen atascados; limpiar el pasado nos abre a sentir nuestra sabiduría emocional.
- Un cuerpo emocional claro abre la puerta a la magia y permite que la facilidad fluya a través de nosotros.

EXPLORACIONES DEL FUEGO INTERIOR

Sanación emocional

Estas son algunas cosas que puedes hacer para que fluya tu energía emocional. Toma la lista de sentimientos que hiciste antes en esta lección y prueba algunas de las técnicas a continuación para liberarlos.

Habla en voz alta

Mirándote en un espejo, o hablando contigo en el coche o en un paseo, expresa lo que quieres soltar diciéndolo en voz alta. Imagina que te diriges a las otras personas implicadas, si es el caso, o discute contigo las formas en las que te has estado conteniendo. Establece la intención de utilizar tus palabras para dejar de lado las formas en que no eres fiel a ti mismo y abrazar la honestidad emocional, por dentro y por fuera.

Canta

Sube el volumen de la radio de tu coche o descarga esas canciones que te encantaban cuando estabas en la preparatoria. Ponte los audífonos y sal a pasear por la naturaleza. Canta a pleno pulmón. Practica el canto lo más alto que puedas con la intención de eliminar cualquier bloqueo de expresión. Diviértete.

Haz ruidos de animales

Esta es una forma poco convencional de superar las emociones antiguas y atascadas, pero realmente funciona. Piensa en una palabra de sentimiento que hayas anotado y luego haz un sonido que sientas que se corresponde con ella. Por ejemplo, si estás enojado, herido, avergonzado o te sientes culpable, intenta rugir, gruñir, chillar... *grrrrrr*... ¡Exagera tus movimientos faciales, abre bien la boca y deja salir al animal interior! Prueba otros sonidos para otros sentimientos. No hay una forma incorrecta de hacerlo.

Representa tus emociones

Da un largo paseo por algún lugar privado y haz expresiones faciales exageradas mientras sientes y expresas diferentes emociones. Arruga la cara y levanta los brazos cuando sientas ira. Abre la boca en señal de sorpresa. Deja que el sentimiento de un corazón roto recorra tu cara y tu cuerpo. ¿Cómo se siente el miedo cuando se convierte en gestos? Permite que tu cuerpo te lo muestre. ¿Y el amor? ¿Los celos? ¿La frustración? ¿La desesperanza? ¿El entusiasmo? Sigue moviéndote entre los distintos estados emocionales, intensifica tus movimientos y expresiones. Al principio puede resultar incómodo, pero sigue haciéndolo y pronto comprenderás que te aportará más fluidez en el lenguaje de tus propias emociones.

Sé creativo

Se necesita un espíritu creativo para liberar las emociones estancadas, para derribar con cariño la vieja presa que provoca el desbordamiento del río de tus emociones. Permanece abierto a múltiples formas de descargar la vieja mochila. *Algunas formas creativas de trasladar la ira:*

- Encuentra un lugar seguro para romper platos viejos. (¡Usa protección para los ojos y toma otras medidas de seguridad razonables!) Rompe vidrio en un contenedor de reciclaje. (Al igual que en el caso anterior, hazlo con precaución).

- Llena de agua los cartones de leche y congélalos. Tíralos a la acera. Romper hielo sobre concreto es muy satisfactorio, y además se derrite.
- Corta leña (¡sé muy cuidadoso con esto!).
- Rompe la guía telefónica.

Algunas formas creativas de trasladar la tristeza:

- Mira una película triste y deja que los sentimientos fluyan. Permítete llorar.
- Toma una manta, envuélvete bien y balancea tu cuerpo de lado a lado.
- Pídele a un amigo que te abrace.
- Escribe lo que extrañas/anhelas hasta que te salgan las lágrimas.

Sintoniza con la magia de tu cerebro

Hagamos un pequeño recorrido por tu cerebro. El lado izquierdo se denomina cerebro científico y lógico; el lado derecho es tu cerebro intuitivo, emocional y creativo. La capacidad de interpretar metódicamente y poner atención a los datos pertenece al ámbito del cerebro izquierdo; la capacidad de hacer saltos intuitivos y sentir conexiones holísticas pertenece al ámbito del cerebro derecho.

Para la mayoría, el hemisferio izquierdo y lógico del cerebro es el que dirige el espectáculo, y solo a veces dejamos que el cerebro derecho se asome. Hacer magia en tu cerebro significa poner énfasis en el hemisferio derecho, el de los sentimientos. Conforme despertamos nuestro fuego interior, nos involucramos conscientemente en nuestra relación con el lado derecho de nuestro cerebro, y entonces... ¡sucede la *magia*!

Ahora mismo realiza una renovación rápida y mágica de tu cerebro. Apoya tu mano izquierda (que está conectada a tu hemisferio cerebral derecho) frente a tu vientre, con la palma hacia arriba. Coloca suavemente tu mano derecha (que está conectada a tu hemisferio cerebral izquierdo) sobre de la izquierda, con la palma hacia arriba. Cierra los ojos y habla con tu cerebro. "¡Oye, ahí arriba! Estamos haciendo algunos cambios. A partir de ahora el pensamiento lógico descansará dentro de mis sentimientos intuitivos, al igual que mi mano derecha del cerebro izquierdo descansa en mi mano izquierda del cerebro derecho. Cerebro científico, muchas gracias por tu ayuda. Ahora puedes relajarte y ser sostenido dentro de la sabiduría de mi cuerpo/cerebro emocional. Te llamaremos cuando te necesitemos."

Sigue alejando tu atención de la lógica y alineándote con tu creatividad. Cambia la pregunta: "¿Qué manera hay de lograr esto?", por "¿De qué otra manera puedo hacerlo?". Quieres aprender a equilibrar lo mejor de ambos hemisferios y abrir un camino entre ellos para permitir que suceda lo milagroso.

Este enfoque mágico nos enseña a vivir la vida de forma espontánea, creativa y según nuestros propios ritmos naturales. Nos ayuda a descubrir y sintonizar con nuestro comportamiento instintivo y a descubrir las expresiones más elevadas de nuestra creatividad individual.

— LECCIÓN 6 —

ESTABLECE LA CONEXIÓN CON TU CUERPO

*Existe una profunda sabiduría en nuestra propia carne,
si tan solo pudiéramos entrar en razón y sentirla.*

ELIZABETH A. BEHNKE

Al principio de este libro, señalé que tu energía interior, lo que yo llamo tu fuego interior, no debe confundirse con tu nivel de energía corporal, porque tu fuego interior es mucho mayor que eso. Sin embargo, esto no significa que no haya una correlación entre ambas. Hasta ahora hemos examinado el lado mental, emocional y espiritual de nosotros mismos y cómo estos se relacionan con nuestro fuego interior, pero ahora vamos a centrar nuestra atención en el aspecto corpóreo. A medida que avanzas en este libro y comprendes la importancia de atender a tu fuego interior, mi esperanza es que experimentes una nueva conciencia de la sabiduría combinada de tu mente, espíritu, emociones y cuerpo. Este nuevo paradigma integra todas las partes.

Los chamanes de todo el mundo han enseñado que el cuerpo contiene un profundo conocimiento, con valiosa información en cada órgano. Esto es contrario a la opinión de la mayor parte de la sociedad occidental, que sostiene que la mente pensante es la directora de la orquesta y todo lo demás debe recibir órdenes de ella.

Quizá suene extraño, pero a veces podemos olvidar que incluso *tenemos* un cuerpo, en especial cuando pasamos gran parte del día mirando una computadora o un celular. Conozco a personas que sienten que una vez que llegan al trabajo solo están conectadas de cuello para arriba e ignoran por completo lo que ocurre del cuello para abajo. Muchos lo hemos hecho en un grado u otro. Por ejemplo, ¿alguna vez has tenido la experiencia de levantarte de la computadora y darte cuenta de que tienes los hombros tensos y doloridos, o de que se te entumecieron las piernas por haber estado demasiado tiempo en una misma posición?

También es importante tener en cuenta que muchos de nosotros estamos entrenados para ver nuestro cuerpo físico solo como una herramienta para hacer las cosas, e incluso en algunas tradiciones espirituales el cuerpo es visto como un bloqueo que debe ser empujado o ignorado por completo. Pero estas creencias niegan una verdad esencial: nuestro cuerpo es una parte importante de nosotros, y cuando no lo vemos como tal, no estamos cuidando de todo nuestro ser.

Al aumentar nuestra conciencia de cómo tratamos nuestro cuerpo, momento a momento, podemos entender cómo esto impacta en nuestro fuego interior, así como su efecto en nuestros aspectos mentales, emocionales y espirituales. A través de una presencia aterrizada en tu propia piel y un compromiso con la exploración alegre puedes desterrar el pensamiento de que tu cuerpo es un obstáculo, que necesitas cambiarlo o que no es lo suficientemente bueno, y empezar a ver estas ideas como lo que son: formas en las que te castigas.

Tu cuerpo es tu templo sagrado, y el fuego que arde en su interior está relacionado con la forma en que tratas y te relacionas con tu cuerpo. Cuando no cuidas tu cuerpo de forma adecuada o reprendes mentalmente las partes de tu cuerpo que no te gustan, tu templo físico empieza a debilitarse. Cuando descuidas tu cuerpo durante periodos prolongados es como si le dijeras "no importas" y "no eres lo bastante bueno". Sucede que hemos hecho esto durante tanto tiempo que ya ni siquiera nos damos cuenta de que lo estamos haciendo. En el nivel más básico, esto es una forma de abuso de uno mismo.

Mi mentora de yoga, Ana Forrest, llama a todas estas formas de abuso con un nombre diferente: automutilación. Se trata de una palabra fuerte, que refleja acciones realmente dañinas que van desde el simple desprecio inconsciente hasta el odio activo a uno mismo. Incluye matices sutiles de acciones inconscientes —como comer alimentos poco saludables o compararse con los demás— hasta síntomas más abiertamente destructivos, como la anorexia o la flagelación.

Todas las personas que he conocido y con las que he trabajado pueden decir que tienen alguna parte de su cuerpo que no les gusta. Permíteme repetirlo: TODOS. Piensa en esto por un momento, porque significa que todos nos automutilamos en varios grados cada vez que reprendemos, menospreciamos o atacamos de alguna manera nuestro cuerpo, y al hacerlo atenuamos nuestro precioso fuego interior. El principio fundamental para despertar tu fuego interior en relación con tu cuerpo es *aceptar y amar tu cuerpo exactamente como es en este momento*.

Sé por experiencia personal que esto es una tarea difícil. Y la manera de solucionarlo no es encontrando nuevas formas de utilizar tu cuerpo para castigarte. Muchas personas con las que he trabajado han respondido de inmediato a este tema diciendo: "¡No puedo creer que lleve años en el camino espiritual y todavía rechace mi cuerpo!", pero al decir esto estás usando tu cuerpo como un arma contra tu persona, de una manera diferente. Así que, en lugar de culparte por no haber superado tus dificultades con tu cuerpo, tan solo presta atención en cómo tratas a tu cuerpo. Cuando te sorprendas reprendiendo internamente a tu cuerpo o no tratándolo como lo harías con cualquier otra posesión sagrada, tómate un momento para volver a centrar tus pensamientos con suavidad y devolverlos a un estado de amabilidad y aceptación.

De forma similar a lo que se siente fluir emocionalmente después de haber reprimido nuestros sentimientos durante muchos años, conforme conectas conscientemente con tu cuerpo y empiezas a tratarlo como un templo sagrado, en lugar de un obstáculo que hay que superar, es posible que te encuentres con una enorme cantidad de dolor y sufrimiento que se ha almacenado ahí durante años, sentimientos que has enterrado en los músculos de tu ser. Tal vez te sientas incómodo al prestarles atención ahora, y quizá tengas la tentación de huir de esta incomodidad. Pero parte de honrar a tu cuerpo es ir *hacia* el dolor, la tensión y el estrés que hay dentro, en lugar de alejarte de ellos. Tu cuerpo necesita desesperadamente tu conciencia, tu respiración profunda y controlada y tu compasión consciente. Dale a tu cuerpo estos regalos y, a cambio, te conducirá a poderosas percepciones y abrirá nuevas vías de progreso.

Una de las mujeres de un reciente curso de Fuego Interior compartió que se enojaba con su cuerpo cuando tenía necesidades o le dolía. Colleen solía frustrarse mucho cuando su cuerpo le dolía o se agotaba. Pero después de aprender por qué era importante hacerse amiga de su cuerpo, ella empezó a poner las manos en las zonas "problemáticas" de su cuerpo para llamar la atención sobre estas. Con una compasión consciente, simplemente daba las gracias a la zona y le hacía saber que la estaba escuchando. Ahora Colleen tiene una relación mucho mejor con su cuerpo. Dice que ha aprendido a ir más despacio y a estar con su cuerpo en lugar de frustrarse cuando este demanda necesidades. Es un acto poderoso poner las manos sobre una zona de nuestro cuerpo que tiene problemas, ya sea por un dolor físico o porque hemos rechazado esa parte de nosotros mismos a través de un juicio (demasiado curvilínea, demasiado flaca, demasiado arrugada, demasiado grande...). Poner las manos en nuestro cuerpo requiere que tomemos conciencia del lugar que tocamos y así, una vez que tenemos nuestra conciencia en esa zona, podemos centrar nuestra compasión y sanación en las partes que consideramos problemáticas. Cuando recordamos que nuestros cuerpos son sagrados, aportamos aceptación y delicadeza a nuestra forma. Queremos que nuestro recipiente físico esté lo más relajado y abierto posible para que la energía interior fluya libremente a través de nuestro ser. Esto no significa que debamos estar en nuestra máxima fuerza física; dependiendo de nuestra salud, edad y otros factores, nos encontraremos en diferentes estados en distintos momentos. Pero, sin importar la fuerza o incluso la salud de nuestro cuerpo en un momento dado, podemos elegir aceptarnos con plenitud.

Poner las manos en nuestro cuerpo para fomentar la aceptación es una forma activa de lograr que este se sienta mejor, pero a veces *no hacer nada* es igual de poderoso.

Recientemente, una amiga que lleva años practicando las enseñanzas del Fuego Interior tenía que intervenir en una conferencia de mujeres. La segunda mañana del evento, se despertó agotada; el resfriado que había estado tratando de mantener a raya se había instalado en su garganta y pulmones. Después de su meditación matutina dejó de lado lo que su mente quería que hiciera y en cambio escuchó a su cuerpo. El mensaje que recibió fue alto y claro: atiende a tu fuego interior, reúne tus brasas y descansa tu cuerpo.

Así que, en lugar de asistir a la conferencia, se fue a dar un lento paseo y luego se quedó en su habitación del hotel, para ponerse al día con los correos electrónicos bebiendo té. "En el pasado me habría presionado para ir a todo, sin importar lo que sintiera mi cuerpo", me dijo. "Pero estoy aprendiendo a ralentizar mi ritmo y a tomarme un tiempo de descanso. Me parece que cuando lo hago estoy mucho más relajada y creativa. Estoy aprendiendo a trabajar con mi cuerpo a largo plazo, en lugar de quemarme a corto plazo."

A veces no es posible hacer lo que nuestro cuerpo necesita en el momento. Ha habido situaciones en las que, a pesar de sentir la necesidad de que mi cuerpo descanse, surgen cosas de las cuales ocuparse, que no se pueden posponer o cambiar, y he tenido que lidiar con ellas cuando mi cuerpo estaba enfermo, agotado o cuando hubiera preferido estar en la cama. Hay momentos en los que debes seguir adelante, como cuando te levantas por la mañana sintiéndote fatal y tienes que entregar el informe en el trabajo, o cuando debes recoger a tu hija del colegio, incluso cuando te estás recuperando de la quimioterapia. ¿Cómo se puede seguir adelante y sortear los cambios en el cuerpo o en la función mental conforme se envejece? La respuesta es ser amable. Muévete despacio. Ama a tu cuerpo tal y como es. No presiones, invita. No fuerces, inspira. No juzgues, guía. Escucha, y sabrás cuándo es el momento de acercar tu energía y revitalizarte, y cuándo es el momento de usar tu energía interior para alimentar tu cuerpo físico. Experimenta. Permanece presente contigo mismo.

Cuando nos tratamos como seres sagrados, abrazamos nuestro cuerpo y entramos en una asociación amorosa con él. En lugar de considerarlo como algo que nos decepcionará constantemente, nos abrimos a un intercambio en continua evolución que enriquece nuestros cuerpos espirituales y fortalece nuestra forma física.

Creación de "emergencias" físicas

En una lección anterior hablamos de los efectos que los pensamientos negativos tienen en nuestro fuego interior, pero estos mismos tipos de pensamientos también pueden afectar fuertemente nuestro cuerpo físico.

Los pensamientos temerosos y orientados a la crisis crean estrés, y cuando el estrés alcanza un determinado nivel, el cuerpo entra en una especie de minimodo de emergencia que provoca que el cuerpo produzca adrenalina y cortisol adicionales, dos hormonas que elevan la presión arterial, aumentan el ritmo cardiaco y los niveles de glucosa. El cuerpo toma estas medidas de protección para afrontar mejor la amenaza que se percibe. Esto se conoce comúnmente como la respuesta de lucha o huida. Esta reacción física puede ser muy útil y adecuada si, por ejemplo, te enfrentas a un gran oso en una excursión. Pero cuando esta reacción corporal es producida por pensamientos como: "Hay demasiado que hacer", "No puedo manejar esto", "No soy suficiente", entonces las manifestaciones de ansiedad y de crisis desbordantes ponen a tu cuerpo en un aprieto innecesario. Entrar repetidamente en este estado o vivir en él de forma incesante tiene efectos negativos a largo plazo en tu salud física, por no hablar de tu salud mental, emocional y espiritual. Todos hemos escuchado sobre las consecuencias del estrés en el cuerpo, y vivir en un estado de emergencia constante no puede ser más estresante.

Cuando entramos en este modo de miniemergencia, nuestro cuerpo se fatiga con rapidez y nos volvemos menos presentes, menos creativos y más propensos a luchar contra lo que tenemos delante, a veces sin siquiera darnos cuenta. Entonces, en un efecto de bola de nieve, el miedo se convierte en nuestra motivación, y a partir de esta motivación temerosa nos presionamos más de lo que lo haríamos con cualquier otra persona, lo cual es una forma de autoflagelación o automutilación. En este modo, nuestro cuerpo está en alerta máxima, por lo que pasamos a la acción frenética para "alcanzarlo". Como ya sabes, este estado nunca sienta bien.

Como experimento, tómate un momento para pensar en la lista actual de proyectos y objetivos que rondan por tu cabeza. Sumérgete en la sensación de agobio que se acumula en torno a esta lista. Es posible que en poco tiempo te digas, una y otra vez: "¿Cómo voy a lograr hacer todo esto?". Tómate un momento para *sentir* cómo reacciona tu cuerpo ante esta pregunta. Sintoniza con la tensión de tus músculos, el aumento del ritmo cardíaco y el cambio en la respiración. Tu respuesta fisiológica envía un mensaje interno: "¡Algo anda mal!". El cuerpo sigue preparándose para huir o luchar. Es fácil que todas estas respuestas se conviertan fácilmente en tu configuración por defecto y, con el tiempo, si has entrenado a tu cuerpo para que reaccione como si perder una llamada telefónica o un plazo de entrega exigiera la misma respuesta que una amenaza física importante, el estrés de vivir así provoca agotamiento y dolencias crónicas.

Pude ver en carne propia esa capacidad de crear una miniemergencia en mi cuerpo hace unos años, cuando acudí a un retiro de silencio.

Había decidido pasar una semana sola en mi caravana, estacionada a las afueras de la casa en la que vivía, para escribir, bajar el ritmo y hacer un trabajo interior. El tercer día de mi retiro me aventuré a entrar en la casa para tomar un libro y escuché a mi socio dejar un mensaje en la contestadora sobre algo que yo no había hecho. Mi mente empezó a gritar internamente: "Tienes que contestar esa llamada y resolver la situación. Tienes que romper tu silencio y ayudar. Esto es culpa tuya y debes arreglarlo ahora mismo".

En realidad, la situación no era grave. Era un malentendido menor y ya alguien lo estaba resolviendo. Pero esta lógica no combatió la fuerza de mi reacción interna.

Estar en retiro me dio el espacio que necesitaba para presenciar mi mente, mis emociones y mi cuerpo con claridad. Me impactó mucho ver lo que mi mente le hacía a mi cuerpo. A partir de una pequeña cantidad de estímulos (escuchar un mensaje en la contestadora), yo estaba creando una emergencia física en toda regla. Mi cuerpo respondía entonces con una necesidad abrumadora de actuar: *¡soy la única que puede hacer la tarea! Voy a tener que salir de mi retiro para ocuparme del problema; ¡no hay manera de evitarlo!*

El nivel de alarma en mi cuerpo fue enormemente desproporcionado con respecto a lo que en realidad sucedió, pero todo parecía muy apremiante. Al tomarme un momento para sentarme con mi experiencia y permanecer con la incomodidad, pude reírme de lo que consideraba una emergencia y poner las cosas en perspectiva. Esto le permitió a mi cuerpo relajarse y reidentificar lo que era *realmente cierto* frente a lo que mi mente gritaba que *era cierto*. En efecto, el mundo no iba a acabarse si no actuaba de inmediato.

¿Cómo sería tu vida si respondieras a las "emergencias" con fe, calma y el cuerpo relajado? Imagina que todos lo hicieran. ¿Cómo sería el mundo? Por desgracia, a nivel inconsciente la mayoría creamos una tensión innecesaria en el cuerpo a través de patrones reactivos. Tratar tu cuerpo como algo sagrado significa reconectarte para relajarte físicamente ante cualquier cosa que surja (incluyendo plazos apretados, clientes molestos o montañas de trabajo). Puedes conseguirlo a pesar de lo que hagan los demás a tu alrededor. De hecho, es vital para ti.

Mientras que la energía de tu fuego interior es infinita, la energía de tu cuerpo puede agotarse. Trata tu cuerpo con cuidado y cuida tu fuego físico. Aunque debes saber que, sin importar lo bien que lo resguardes, en algún punto su llama se apagará. Utiliza esta verdad como motivación para disfrutar cada día, para beber de la copa de la vida. No pospongas tu alegría. Conecta con la verdad más amplia: el fuego de tu alma arderá durante mucho tiempo después de que tu templo corpóreo sea ceniza o tierra. Cada vez que elijas el amor sobre el miedo, el fuego de tu alma arderá aún más. Hagamos que los ángeles sonrían y aplaudan con alegría porque estamos brillando con intensidad.

Reconectar con tu cuerpo es vital para vivir de forma sagrada, así como para ser más eficaz en tu verdadero trabajo. No hay nada más poderoso para el trabajo que un ser humano cuya mente, espíritu y cuerpo están en armonía. En la próxima lección exploraremos cómo sentir gratitud por lo que nuestra mente, espíritu y cuerpo aportan a nuestro fuego interior, y aprenderemos nuevas formas de reconectar con un sentido global de gratitud.

REGALOS DE SENSATEZ

- Tu cuerpo físico es un aliado y un amigo, así que trátalo con amor y amabilidad.
- Escucha lo que tu cuerpo necesita, no lo que tu mente cree que necesitas o lo que tú deseas que necesite.
- La creación de estructuras conscientes en torno a tu cuerpo físico (como planear descansos para caminar o estirarte, o determinar comidas saludables) te permite fluir y relajarte para centrarte más en tu verdadero trabajo.

EXPLORACIONES DEL FUEGO INTERIOR
Utiliza la respiración para calmar la mente

La mayoría de la gente empieza a meditar para calmar la mente y, por lo regular, a ello le sigue un patrón de respiración tranquila. Esto también funciona para serenar el cuerpo. Puedes utilizar la respiración para llevar la mente y el cuerpo a un estado de calma. Para experimentarlo, busca un lugar tranquilo donde estés a solas durante unos minutos. Siéntate o recuéstate en una posición cómoda y empieza a respirar profundo varias veces, exagerando conscientemente el sonido de tu respiración. Quizá no lo notes al principio, pero si mantienes la atención en tu respiración entrarás en un estado de tranquilidad. Con la atención concentrada en la respiración constante, tu mente se pondrá a tono más rápido de lo que imaginas.

Apoyo a tu templo

Explora los cuidados corporales básicos para tus necesidades individuales. ¿Qué estás comiendo? ¿Qué está arrastrando tu cuerpo? ¿Qué es lo que realmente lo nutre? Sé paciente: a veces, la reconexión del cuerpo toma algún tiempo porque nuestros hábitos están muy arraigados, sobre todo, cuando recurrimos a los alimentos no como una fuente de combustible limpia para restaurar y nutrir nuestras células, sino simplemente como una solución rápida para mantener las operaciones en funcionamiento. Con esta última mentalidad recurrimos a lo que sea necesario, ya sea exceso de cafeína o de azúcar, o bien cualquier otra cosa. Estas dos cosas suelen ser las más difíciles para el cuerpo. Si sabes que tienes hábitos poco saludables con tu cuerpo físico, de nuevo sé amable contigo y empieza a hacer una lista de los hábitos que te gustaría cambiar, de uno en uno. Elige un área en la que centrarte. Si hay algo en ti sobre lo cual no tienes control (quizá tienes un bebé, por lo que tu sueño es errático), sé creativo en tus soluciones o pon tu atención en nutrirte realmente en otras áreas.

Ayuda a tu cuerpo cambiando solo una cosa a la vez. No es necesario que lo hagas todo la misma semana, sino que adoptes un solo hábito y seas constante. Si te encuentras con un obstáculo, permite que tu cuerpo sea el que responda a la pregunta, no tu mente. Cuando hayas establecido un nuevo patrón o recuperado la sensación de conexión con los ritmos de tu cuerpo podrás abordar la siguiente cosa de tu lista con una sensación de facilidad y dominio.

Aquí tienes algunos pasos concretos para nutrir tu cuerpo de una nueva manera. Cada uno de estos ejercicios está diseñado para ayudarte a aprender más sobre ti y tus verdaderas necesidades físicas. Además, son cosas pequeñas, lo que me parece muy útil. En lugar de decirte: "Solo comeré alimentos que le gusten a mi cuerpo y dormiré ocho horas todos los días durante el resto de mi vida", cambia por: "Vamos a realizar este experimento durante la próxima semana como una forma de apoyar a mi cuerpo y aprender sobre él". Al mantener un ejercicio en tu mente como un experimento que tiene un principio, un desarrollo y un final estarás más enfocado y podrás prepararte para el éxito.

Para obtener más apoyo, inscríbete a un gimnasio o a un grupo *fitness*, o simplemente invita a un amigo a que te acompañe en la travesía para honrar tu cuerpo. No tienes por qué hacerlo solo. De nuevo, ¡sé creativo!

Dormir

Planifica una semana en la que duermas al menos ocho horas cada noche. Asegúrate de prepararte para ello. No planees salidas nocturnas para esa semana. Desenchufa el teléfono y apaga la televisión una hora antes de acostarte, y ten preparada tu rutina matutina para empezar el día con facilidad. Al final de la semana observa cómo se siente tu cuerpo.

Alimentos

Elige algo que quieras eliminar de tu dieta (empieza con una sola cosa que quieras cambiar, y luego añade más la semana siguiente). Una vez más, prepárate de antemano. Por ejemplo, si vas a eliminar el azúcar, asegúrate de abastecer tu casa con manzanas u otros alimentos bajos en azúcar, y lleva contigo bocadillos alternativos. Si pretendes dejar de comer lácteos, explora con qué puedes sustituirlos. Los primeros días pueden ser incómodos, así que mantente firme y enfocado.

Ejercicio

A nuestro cuerpo le encanta el ejercicio, lo necesita; sobre todo a medida que envejecemos o si pasamos mucho tiempo frente a la computadora. Si no haces ejercicio actualmente, empieza con algo pequeño. Comprométete a moverte de alguna manera durante al menos 15 minutos o una hora cada dos días durante una semana. Sal a caminar a paso ligero, nada, baila al ritmo de la música, levanta pesas, corre, haz yoga... Hay muchas cosas que puedes probar. Al final de la semana comprueba cómo te sientes. Y repítelo.

Contacto físico

Creo que la mayoría estamos hambrientos de contacto; nuestros cuerpos necesitan un contacto presente y cariñoso. Empieza por poner una mano en tu corazón y otra en tu vientre, para *saludarte*. Cuando estés en la ducha, sé consciente de que debes tocarte mientras te lavas el cuerpo. Abraza a la gente más a menudo. Acaricia a tus animales o amigos.

Cuidados físicos

¿Hay alguna forma de evitar el mantenimiento esencial del cuerpo? Me refiero a cosas como cuidar de los dientes, beber mucha agua, hacer revisiones periódicas con el médico... lo que sea que te sirva para cuidarte. Escoge algo que hayas estado evitando y realízalo esta semana.

Probando estos pequeños pasos, empezarás a nutrir y honrar tu cuerpo en situaciones de estrés. Con el tiempo, tu reacción física al estrés cambiará, permitiendo una respuesta tranquila y centrada, incluso cuando estés en crisis. Sigue pidiendo el apoyo y la guía de tu cuerpo, y esta llegará. Permite que la sabiduría de tu cuerpo se manifieste.

La técnica Pomodoro

Cuando tengas que pasar largas horas en el trabajo sentado o de pie, asegúrate de hacer descansos regulares, aunque sean minúsculos. Si trabajas en la computadora o en una situación que implique una concentración similar, te recomiendo el siguiente método respetuoso con el cuerpo, cuya aplicación yo uso cuando escribo.

La técnica Pomodoro fue creada por Francesco Cirillo y es muy sencilla. Se utiliza un temporizador para crear periodos de concentración, seguidos de cortos periodos de descanso. La técnica Pomodoro se organiza así:

Ronda	Tarea	Temporizador
1	Trabajo/Enfoque	25 minutos
	Descanso/Pausa	5 minutos
2	Trabajo/Enfoque	25 minutos
	Descanso/Pausa	5 minutos
3	Trabajo/Enfoque	25 minutos
	Descanso/Pausa	5 minutos
4	Trabajo/Enfoque	25 minutos
	Descanso largo/Pausa	15 a 30 minutos

Primero se trabaja durante 25 minutos y luego se hace una pausa de cinco minutos. Se repite este ciclo tres veces (o tres "rondas"). En la cuarta ronda, luego de trabajar durante 25 minutos, se hace una pausa más larga, por lo regular de entre 15 y 30 minutos.

Me encanta este método porque 25 minutos son suficientes para entrar en el flujo, pero no tan largos como para que mi cuerpo se estanque demasiado. Y cinco minutos son suficientes para estirar, beber agua, saltar o prepararme una taza de té sin perder el hilo de lo que estoy haciendo.

En mis tiempos de descanso he empezado a hacer sentadillas, saltar la cuerda e incluso correr alrededor de la manzana. Este método me resulta doblemente benéfico, ya que logro hacer más cosas, pero también me mantengo conectada con la sabiduría de mi cuerpo.

— LECCIÓN 7 —

LA GRATITUD: EL DETONADOR DE LA ENERGÍA

*La gratitud, y no la comprensión, es el secreto
de la alegría y la ecuanimidad.*

ANNE LAMOTT

¿Has oído hablar del polvo llamado Mystical Fire? Viene en un paquete rectangular de plástico negro con letras con los colores del arcoíris. Para usarlo, tienes que encender una hoguera que arda con fuerza, entonces espolvoreas un poco del polvo Mystical Fire en ella y *boom*: las llamas naranjas se transforman en un arcoíris de colores: las llamas verdes, azules y moradas bailan ante tus ojos.

Cuidar tu fuego interior añadiendo gratitud es el equivalente a ver surgir el arcoíris de las llamas de tu hoguera: todo se vuelve más rico y hermoso. Tener un comportamiento de gratitud nos permite ver nuestra vida como una gema preciosa, que es nuestra bendita obra para tallar y pulir a lo largo de la vida. Como artistas podemos hacer que esa gema resplandezca con colores intensos al centrar la atención diaria en nuestro verdadero trabajo, y la gratitud es una herramienta para hacerlo. No es de extrañar que los pocos humanos que se describen como "iluminados" a menudo digan que viven en un constante estado de gratitud.

Para cualquiera de nosotros, cuando estamos en un buen momento, la gratitud surge de forma natural y nuestro fuego interior arde con intensidad. Es como si alegremente hubieras echado en tu hoguera interior un aceite dulce perfumado y un cubo lleno de polvo Mystical Fire. La dulzura de la fragancia y la riqueza de los colores te iluminan con tanta fuerza que tu brillo inspirado se extiende para tocar a todos los que te rodean.

Cuando las cosas no van muy bien, esta gratitud suele ser mucho más difícil de encontrar. Cuando estudiantes o amigos acuden a mí, presas de problemas y tienen dificultades para conectar con su sentido de gratitud (o cualquier sentido de esperanza), les doy una tarea sencilla: escribir cada día cinco cosas por las que están agradecidos.

Estas cinco cosas pueden ser muy pequeñas: estoy agradecido por esta inhalación; estoy agradecido por esta silla en la que estoy sentado; agradezco que mis dos brazos funcionen; doy gracias por tener dinero en mi cuenta bancaria; agradezco la forma en que mi perro me mira con sus ojos brillantes.

Durante nuestros peores momentos, tal vez ni siquiera nos sintamos agradecidos al nombrar estas cosas, pero cada vez que estamos dispuestos a dirigir nuestra atención a aquello por lo que estamos agradecidos alimentamos nuestro fuego interior y avanzamos hacia la sanación, de nosotros mismos y del mundo que nos rodea. Al recurrir a la gratitud de forma constante, incluso la llama más débil se fortalece. A medida que nuestro fuego interior se vuelve más brillante, cuando recordamos nuestro verdadero trabajo y cuando escuchamos la sabiduría silenciosa dentro de nosotros, descubriremos lo que necesitamos para avivar nuestro fuego y convertirlo de nuevo en una buena llama saludable.

De este modo, practicar la gratitud es una forma de ejercicio, y si lo realizas con regularidad, con el tiempo tu músculo de la gratitud se fortalecerá. La gratitud es como hacer lagartijas para el corazón, como hacer yoga para la mente: nutre el espíritu y lo eleva. Conectar físicamente con la gratitud, *sintiendo que entramos en ella*, como ya hemos comentado, es una forma excelente de fortalecer el músculo del agradecimiento. De nuevo, sentir la gratitud, al igual que sentir la fe, es una cuestión de encontrar cómo se siente esta en el cuerpo y utilizar esa sensación física para anclarte a la emoción. Al igual que hicimos páginas atrás con respecto a la fe, extraigamos la palabra *gratitud* de un concepto o creencia, y llevémosla a un *sentimiento*.

Aquí tienes un ejercicio rápido para que experimentes lo que quiero decir.

En primer lugar, piensa en algo por lo que estés agradecido: grande o pequeño, milagroso o mundano. ¿Se trata de algo que hace poco te hizo llorar de alegría o de un recuerdo que te derritió el corazón hace 40 años; de tu hijo que te sonrió ayer o de esa espectacular vista de la luna sobre las montañas cuando acampabas de niño? Abstrae todos tus sentidos y agudiza el enfoque de ese recuerdo. Respíralo, llénalo, siéntelo en cada célula.

Ahora deja de lado el recuerdo que estimuló la gratitud y concéntrate en la sensación que la gratitud produce en tu cuerpo. ¿Dónde experimentas la gratitud? ¿Cómo se siente en la zona del pecho? ¿Cómo se siente en el estómago? ¿Te hace sentir un cosquilleo en la piel? A continuación, presta atención en lo que estas sensaciones provocan en tu fuego interior. Inhala y exhala. Permanece en estado de gratitud e imagina que con cada respiración haces crecer el sentimiento dentro de tu cuerpo.

Cuando sientes tu gratitud te das cuenta de que, en realidad, lo que está fuera de ti no es lo que produce estos maravillosos sentimientos (aunque los estimulen); lo que cuenta es lo que está dentro de ti. Cualquier acontecimiento que suceda fuera de ti puede ser un catalizador para detonar la gratitud, pero el sentimiento en sí proviene de tu interior y no del mundo exterior. De este modo, podemos decir que la gratitud es una elección.

Me gustaría compartir una historia que encontré en internet y que expresa esta idea con bastante claridad. Es uno de esos cuentos que nadie sabe con certeza de dónde salió, pero sin importar si es cierto o no, su mensaje es totalmente cierto y algo que todos debemos tomar en serio.

Una señora de 92 años, pequeña, bien plantada y orgullosa, se ha trasladado hoy a una residencia de ancianos. Su marido falleció hace poco, a los 70 años de edad, por lo que era necesario trasladarla para que recibiera los cuidados necesarios. Después de muchas horas de esperar pacientemente en el vestíbulo de la residencia, la señora sonrió con dulzura cuando la enfermera le dijo que su habitación estaba lista. Mientras maniobraba con su andador hacia el ascensor, la enfermera le describió su pequeña habitación, señalando cada detalle que vería una vez que llegaran ahí, incluidas las cortinas de ojales que se habían colgado en su ventana. Antes de que el ascensor llegara al piso previsto, ella declaró: "Me encanta", con el entusiasmo de un niño de ocho años al que le acaban de regalar un nuevo cachorro.

"Señora Jones, no ha visto la habitación... espere", dijo la enfermera.

"Eso no tiene nada que ver", respondió la señora Jones. "La felicidad es algo que se decide de antemano. Que me guste o no mi habitación no depende de cómo estén dispuestos los muebles, sino de cómo organizo mi mente. Ya he decidido amarla. Es una decisión que tomo cada mañana al levantarme. Yo elijo; puedo pasar el día en la cama contando las dificultades que tengo con las partes de mi cuerpo que ya no funcionan, o salir de la cama y dar gracias por las que sí lo hacen."

Al igual que la heroína de esta historia, tú también puedes elegir cómo ver al mundo y organizar las cosas en tu mente. Como ya hemos explicado, no tenemos poder sobre lo que ocurre en el mundo, sino sobre nuestras reacciones y nuestra perspectiva de estas situaciones, que afectan nuestro bienestar. Esto también se aplica a la gratitud. En mi experiencia, dondequiera que pongamos nuestra atención —ya sea en el dolor o en la gratitud— eso es lo que crecerá.

Cuando tiras de los pesados hilos de la ira, la culpa, la vergüenza o la derrota a través del tejido de tu ser, sigues tejiendo esas cualidades en todo lo que ves, piensas y haces. Cuando reconoces con amor los desafíos y las heridas del pasado, mientras buscas los hilos siempre presentes de los milagros y los momentos de amor, tejes fuertes líneas doradas de gratitud en todo lo que ves, piensas y haces.

La próxima vez que te encuentres en una situación estresante, repleta de agobio y de sufrimiento, tómate un momento para quedarte quieto y hacerte esta sencilla pregunta: "¿Por qué estoy agradecido en este momento?". Cuando encuentres algo, repítelo una y otra vez en tu mente. Permanece presente y observa si tu energía interna empieza a cambiar del sufrimiento a la entrega, aunque sea un cambio muy ligero. Permitirte notar incluso el cambio más pequeño actúa como señal de que está bien relajarse más. Poner tu atención consciente en la gratitud es el primer paso para liberar tu sufrimiento.

Por favor, comprende que sé de primera mano que la vida puede ser un reto. Los seres queridos mueren. Las finanzas personales colapsan. Surgen problemas de salud. Las relaciones se erosionan y fragmentan. En esos momentos debemos ser increíblemente valientes para elegir centrarnos en la gratitud y no en la negatividad que estemos experimentando. Sé amable contigo mismo y recuerda que es posible estar agradecido y experimentar la tristeza al mismo tiempo; esa es la complejidad y la belleza del ser humano.

El poder de las palabras

Hemos dedicado algún tiempo a analizar el poder del pensamiento y de las palabras. Escuchar las palabras que decimos en voz alta, así como las que solo pronunciamos en nuestra cabeza, nos permite detectar cuando no estamos en actitud de gratitud.

Cada vez que pienses o pronuncies las palabras "debería", "debo" o "tengo" es una oportunidad para explorar si estás operando desde un lugar de gratitud o de oposición y carencia. Lo primero es una inyección de energía y lo segundo es un drenaje de la misma.

Por ejemplo, lee las siguientes afirmaciones en voz alta:

Debería tener más dinero.
Tiene que hacer esto para que yo sea feliz.
Tengo que hacer esto antes de la fecha límite.

¿Qué experimentas al decir esas frases? El sentimiento que hay detrás de ellas es de carencia más que de gratitud. Tómate un momento para percibir cómo se sintió tu fuego interior al pronunciarlas.

Ahora, me gustaría que leyeras estas afirmaciones en voz alta:

Estoy agradecido por el dinero que tengo.
Mi felicidad es mi elección.
Hago todo lo posible para hacer las cosas antes de la fecha límite, y si eso no sucede, el sol volverá a salir mañana.

Fíjate cómo te sientes cuando pronuncias estas afirmaciones en comparación con las anteriores. Estas aceptan el mundo tal cual es, pero están impregnadas de gratitud.

También me gustaría señalar cómo las palabras que nos impactan negativamente se introducen en nuestra mente de forma sigilosa. Lee lo siguiente:

Debo ser más agradecido.
Debo ser más cariñoso.
Tengo que ser más espiritual.

Fíjate en cómo estas afirmaciones se han disfrazado de útiles, haciéndose pasar por herramientas de empoderamiento, pero en realidad te arrastran y te dan una vara para medir y juzgarte. Compáralas, en cambio, con las de la siguiente lista:

Estoy agradecido porque estoy aprendiendo a ser más cariñoso.
Estoy agradecido por estar explorando ser más amable.
Estoy agradecido por aprender a aumentar mi conciencia espiritual.
Estoy agradecido por estar exactamente donde se supone que debo estar en este momento.

Hay tanto que agradecer, pero si nos obligamos a sentir gratitud, solo estamos usando nuestro juez interno para hacernos un flaco favor. Al prestar atención a nuestras palabras, que siempre comienzan primero como pensamientos, empezamos a hacer pequeños cambios como este. Tal vez estos pequeños ajustes no parezcan gran cosa en ese momento, pero dan grandes resultados en el transcurso de un solo día, por no hablar de toda una vida.

La gratitud y tu verdadero trabajo

He aquí un buen recordatorio para ti a lo largo del día: la gratitud fluye de forma natural cuando te centras en tu verdadero trabajo y no en los altibajos de cualquier otra labor que realices en el mundo. Ya hemos hablado antes de llevar tu verdadero trabajo a todo lo que haces durante el día, y aquí el mismo principio está en juego. Cuando te encuentres en un estado de estrés o agitación, piensa en tu verdadero trabajo y averigua cómo puedes invitarlo a entrar en el momento. Por ejemplo, supongamos que no has cumplido un plazo importante en el trabajo. Tienes miedo de que tu jefe te grite, pero de hecho tú ya te estás gritando por no haber cumplido con las expectativas. Si tu verdadero trabajo, tal y como lo has definido antes, es la compasión, ahora sería un buen momento para detenerte, respirar profundo y sentir esa compasión. Esa es una oportunidad ideal para practicar tu verdadero trabajo contigo mismo; perdonándote por no haber hecho las cosas a tiempo. También puede ser una oportunidad para que practiques la compasión hacia tu jefe, que también está bajo presión y, por lo tanto, ha sido más exigente de lo habitual.

Cuando te tomes un momento para reconectar y sentir de nuevo tu verdadero trabajo, también empezarás a ver nuevas oportunidades de gratitud. En el mismo ejemplo anterior, cuando te conectas con tu verdadero trabajo, puedes estar agradecido por la cantidad de esfuerzo que has dedicado a la tarea, sabiendo que solo hay una parte que está realmente atrasada, o agradecido incluso por tu jefe, que también es humano y a veces comete errores cuando está abrumado o estresado, al igual que tú.

En los momentos de agobio es difícil encontrar cosas por las que estar agradecido. Pero al reconectar cada momento con tu verdadero trabajo creas un espacio entre tú y las emociones turbulentas del momento presente, para así actuar desde un lugar de gratitud consciente en lugar de reaccionar de una manera que no te sirva y solo te haga sentir miserable.

La gratitud es la clave para que tu fuego interior arda con intensidad. Los siguientes ejercicios te ayudarán a ello, y durante la siguiente lección veremos una forma muy especial de amalgamar en una práctica diaria todos los temas que hemos abordado en este libro.

REGALOS DE GRATITUD

- Tu gratitud es el antídoto para que no te estanques en el pasado.
- Tu verdadero trabajo define lo que es más importante para ti.
- Tus palabras, incluso las que te repites, tienen poder; sé consciente de cómo las utilizas.

EXPLORACIONES DEL FUEGO INTERIOR

La Revisión Real

Me gustaría compartir contigo algo que hago regularmente y a lo que llamo la Revisión Real. Muchas tradiciones espirituales abogan por revisar los componentes de tu vida de forma regular, pero he descubierto que es muy importante hacer ese análisis desde un lugar tranquilo, centrado, abiertamente flexible y agradecido. De esto se trata la Revisión Real; te ayuda a recordar que eres tú quien por derecho propio lleva la corona de la sabiduría y la conexión en tu vida. Desde un lugar de gratitud observas el panorama general de lo que es mejor para ti y tu fuego interior.

Aunque otras tradiciones espirituales y prácticas de autoayuda abogan por un inventario regular, a menudo la gente lo hace desde un lugar de carencia, centrándose en lo que está mal, en lugar de sentir gratitud por todo en su conjunto.

Como monarca de tu propio destino, asumes el liderazgo y la sagrada responsabilidad del bienestar y la abundancia de todos tus dominios. Como sabio monarca, escuchas con atención a tus súbditos —las partes mental, espiritual, emocional y física de ti mismo— y te mantienes atento a su bienestar. Reconoces y honras la responsabilidad que tienes, y desde esta perspectiva global percibes los desequilibrios cuando estos surgen y los corriges antes de que afecten a todo el reino.

Como monarca de tu propio reino, tus deberes incluyen notar los pensamientos que surgen en tu paisaje mental y decidir cuáles deben ser honrados y cuáles deben ser liberados. Vigilarás lo que surge en tu reino emocional y te asegurarás de que tus sentimientos se expresen, en lugar de desecharlos. En tu reino espiritual, te esfuerzas por mantenerte anclado en tu fe, en vez de dejarte llevar por los vientos de la actividad y el deseo de controlar los resultados. Respetas las necesidades del ámbito físico, honrando tu cuerpo como el vehículo con el que experimentas el mundo y tomando las medidas necesarias para apoyarlo.

Examinas tu reino desde un lugar de gratitud y compasión, porque sabes que tienes suerte de estar ahí, con estos poderes especiales, y también sabes que incluso los mejores gobernantes cometen errores.

Así que te invito a que al final de cada día, como gobernante de tu propio reino interno, plantees las siguientes preguntas a tus "súbditos" y escuches con el corazón abierto los informes que te llegan sobre el estado de todo lo que está a tu cargo:

Reino mental
¿Qué parte de ti ha llevado la corona en tu reino mental hoy? ¿Tu juez? ¿Tu víctima? ¿Qué pensamientos ocuparon tu tiempo y drenaron tu energía? ¿Cuáles han alimentado tu energía? ¿Cuándo has tenido momentos de claridad?

Reino de las emociones
¿Qué emociones has experimentado hoy y qué las ha provocado? ¿Las has dejado fluir? Si no es así, ¿qué quiere expresarse?

Reino espiritual
¿Qué medidas tomaste para nutrirte espiritualmente? ¿Estuviste arraigado en tu verdadera fe? ¿O hubo momentos en los que te invadió la preocupación y la ansiedad? ¿Intentaste controlar las situaciones, en lugar de dejarte llevar por la corriente?

Reino físico
¿Cómo trataste hoy a tu cuerpo? ¿Lo escuchaste y le diste lo que necesita? ¿O quizá lo ignoraste y olvidaste que está ahí?

Recuerda que cuando respondas a estas preguntas al final de cada día, lo harás siempre desde un lugar de gratitud por todo lo que hay en tu vida. Deja de lado los "debería" de tus respuestas —"debería haber escuchado mejor a mi cuerpo", "debería dejar de intentar controlar las situaciones"— porque este no es un lugar para castigarte (y para ser claros, *ningún lugar* es bueno para eso). El objetivo de este ejercicio es aprender de lo que te muestra tu revisión, apreciar tus avances, obtener más conocimiento de todo tu ser acerca de lo que alimenta tu fuego interior y lo que lo drena, para que elijas mejor la próxima vez, si es necesario.

Y mientras lo haces, como estás centrado en un lugar de gratitud, eres capaz de ser creativo y llevar la intención de tu verdadero trabajo hacia la concentración en todos los diferentes aspectos de tu vida.

Práctica de la gratitud

Escribe al menos cinco cosas por las que estés agradecido. Hazlo a diario. Lee la lista en voz alta y luego pasa unos minutos respirando tu gratitud, imaginando que se infunde desde tu corazón a todas tus células, y luego se derrama y se extiende en todas las direcciones, bendiciendo lo que te rodea en tu desbordante gratitud.

Mantras de limpieza del inconsciente

Tómate unos días para explorar tus hábitos y patrones subliminales: el más importante es el mantra interno que te repites continuamente y que te aleja de la gratitud.

Por ejemplo, si eres realmente sincero contigo, podrías darte cuenta de que tu actual mantra inconsciente es:

Que evite el castigo.

Con algunos pensamientos alternativos incluidos:

Que haga un buen trabajo para que la gente me quiera.
Que sea productivo y esté ocupado para no sentirme inferior.
Que logre este proyecto para que me concedan un aumento.

Descubre estos diálogos repetitivos al observar tus acciones y pensamientos. Por ejemplo, si a lo largo del día te sorprendes diciendo "lo siento", toma nota del sentimiento y de los pensamientos asociados a las disculpas y observa la creencia real que se esconde detrás de esas palabras.

La creencia puede ser "no merezco vivir", o "me haré daño si soy demasiado grande en el mundo", o "no puedo hacer nada bien".

Ahora imagina que una parte de ti repite un mantra basado en esta creencia. ¿Qué palabras utilizaría esa parte de ti? ¡Entrégate plenamente! Juega con esta idea sin analizarla demasiado y permite que tus mantras suenen exagerados.

Que los demás vean mi miedo y me dejen en paz.
Que sea pequeño e invisible, para que los demás no me hagan daño.
Que haga todo a la perfección para evitar el rechazo.

Cuando lo digas en voz alta, quedará claro que en realidad no deseas estas cosas de forma sincera y con fundamento. Al traer este mantra inconsciente a la luz le quitarás parte de su energía y poder. Estarás haciendo espacio para crear un nuevo mantra —uno solo para ti—, que se forja al reescribir conscientemente tu viejo mantra en uno alineado con lo que realmente deseas experimentar.

Aquí tienes algunas transformaciones para empezar:

De: Que sea pequeño e invisible, para que los demás no me hagan daño.
A: Que sea mi propio poder y luz, para saber que me sostiene lo divino.

De: Que haga todo a la perfección.
A: Que haga lo mejor que pueda en cada momento.

De: Que los demás vean mi miedo y me dejen en paz.
A: Que me conecte conmigo mismo y con los demás a través de mi corazón abierto.

Ah, ¡mucho mejor! Cuando te encuentres en situaciones que desencadenen los viejos patrones, repite tu nuevo mantra una y otra vez. Con el tiempo, se convertirá en una parte tan importante de ti como lo era el antiguo, al tiempo que te reconectará con las cosas que realmente deseas.

— LECCIÓN 8 —

LA ORACIÓN DEL FUEGO INTERIOR: UNA PRÁCTICA DIARIA QUE CONJUGA TODO

Cosas maravillosas y sorprendentes llegan a nuestras vidas cuando prestamos atención: mangos, sobrinas nietas, Bach, estanques. Esto ocurre más a menudo cuando tenemos la menor expectativa posible. Si dices: "Bueno, eso es lo que pensé que vería", estás en problemas. En ese momento tienes que preguntarte por qué estás aquí. Todo el tiempo aparece material sorprendente y revelaciones en nuestras vidas. Déjalo ser. Se nos da mucho.
Solo tenemos que estar abiertos a recibirlo.

ANNE LAMOTT

— SECCIÓN 8 —

LA ORACIÓN DEL FUEGO INTERIOR: UNA PRÁCTICA DIARIA QUE CONJUGA FUEGO

A lo largo de este libro, hemos examinado los cuatro aspectos del ser: mental, espiritual, emocional y físico, y cómo cada uno de ellos se relaciona con nuestro fuego interior o la energía que potencia estos aspectos de nosotros mismos.

De estos cuatro aspectos, expliqué cómo tendemos a confiar más en los procesos mentales o en la mente pensante, en especial cuando se trata de interactuar con el mundo exterior. Se puede decir que una de las razones por las que pensamos demasiado, en lugar de desarrollar todos los aspectos por igual, es que nuestra sociedad le ha dado más valor a nuestra mente pensante.

El problema de este enfoque es que cuando nos apoyamos demasiado en un aspecto de nosotros mismos, nos desconectamos de los otros reinos de nuestro ser. Como resultado, a menudo descuidamos nuestro cuerpo, reprimimos nuestras emociones e ignoramos la guía interior de nuestra naturaleza espiritual, todo ello con un gran costo para nuestro bienestar general. Para lograr el equilibrio y la armonía, debemos aprender a aprovechar el poder de la mente junto con la profunda sabiduría del cuerpo, las emociones y la espiritualidad, y sacar a relucir nuestro verdadero trabajo a través de cada uno de estos cuatro aspectos interconectados de nuestro ser. Al integrar estos cuatro aspectos, avivamos las llamas de nuestro fuego interior, y el resultado es que vivimos una vida profundamente conectada y gratificante.

Para ayudar a integrar todas las enseñanzas de este libro, he escrito una potente oración (o mantra, si lo prefieres) que llamo la Oración del Fuego Interior, como método para honrar todos nuestros aspectos por igual. Al implementar una práctica diaria que incluya una oración/mantra, usamos el poder de la mente pensante y las palabras (ya que nuestras palabras se forman en la mente) para llamar la atención sobre los otros aspectos. Así que, en cierto modo, podríamos decir que usamos los poderes de la mente para ir más allá de la propia mente, llevando la atención a todos nuestros aspectos por igual.

Originalmente creé la Oración del Fuego Interior para mí, como una nueva forma de abrirme al proceso de mi verdadero trabajo, y comencé a usarla en mi vida cotidiana. Poco después, descubrí que cuando empecé a usarla de forma consistente, esta empezó a obrar en mí. Cuando estoy estresada u ocupada, las palabras de la oración aparecen felizmente en mi mente, como un dulce ángel en la puerta que me recuerda que debo permanecer conectada con todos los aspectos de mí misma y llevar mi verdadero trabajo a las tareas diarias que se presentan. Esta oración resume todo lo que hemos aprendido en este libro.

Oración del Fuego Interior

Que despeje mi mente de todos los pensamientos
y centre mi intención en la quietud.
Que despeje mi campo de ocupaciones y conecte
con mi fe más profunda.

Que abra mi cuerpo emocional y permita que fluya la sanación.
Que honre esta forma física como un templo sagrado.
Que pueda caminar hacia mi más alto propósito
con gratitud por este precioso tiempo.

Según mi experiencia, la Oración del Fuego Interior te beneficiará más si la recitas en voz alta por las mañanas, poco después de despertarte. Yo recurro a ella justo después de despertarme y así enciendo las brasas de mi fuego interior, para que arda con fuerza durante todo el día, lo que evita que sea víctima de miedos irracionales, que me abrume o que me sabotee la duda.

También hay algo poderoso en decir las palabras en voz alta, ya que escucharlas te ayuda a sentirlas mientras toman forma en tu boca y el sonido resuena en tus oídos. Cuando pronuncies cada línea, siente la energía y la intención que hay detrás de las palabras y crea conscientemente el estado que cada una representa en tu cuerpo.

Repetir la oración todos los días permitirá que vaya más allá de tu mente consciente y que se siembre en tu subconsciente, donde la conciencia interior empezará a crecer y a deshacer las estructuras del estrés y la ansiedad.

Otro beneficio de la oración es que al recitarla dirigimos la atención a una inteligencia mayor que la de nuestra mente pensante. En realidad, no importa cómo llamemos a esta inteligencia mayor —Vida, Dios, Diosa, Ser Superior, Conciencia Universal, el Creador, etcétera—, todas las interpretaciones son bienvenidas. La cuestión es que recitar esta oración/mantra es un acto consciente de salir de nuestro propio camino, de pedir que se nos muestre un panorama más amplio y que se nos guíe amorosamente hacia una sensación de bienestar, conexión y plenitud.

En especial, me gusta utilizar la oración/mantra para apuntar energéticamente hacia la expresión de mi verdadero trabajo en el mundo, sin importar las tareas cotidianas que surjan. Cuando utilizamos la oración de esta manera, se convierte en una herramienta o un telescopio que nos permite ver más allá de los viejos acuerdos y asociaciones. Al salir de estos viejos acuerdos y asociaciones, podemos llevar más fácilmente el espíritu de nuestro verdadero trabajo a todo lo que hacemos, ya sea cambiar pañales, crear bases de datos o cualquier otra cosa.

He reunido varias reflexiones guiadas para llevarte a través de cada estrofa de la Oración del Fuego Interior, con el fin de que veas cómo se relacionan con los temas que hemos cubierto. Para algunas estrofas, es posible que quieras volver a releer el capítulo completo, ya que el objetivo es agudizar tu comprensión de cómo desenredar a nivel consciente los nudos creados dentro de ti y avivar las llamas de tu fuego interior en el proceso.

Primera estrofa de la Oración del Fuego Interior: calmar el reino mental

La Oración del Fuego Interior comienza abordando el aspecto mental. Cuando te encuentres pensando demasiado en algo o te sientas ansioso, busca un lugar tranquilo para hacer una pausa y recitar esta estrofa de la Oración del Fuego Interior. La meditación guiada a continuación te permitirá profundizar en tu estado mental utilizando la estrofa de la oración como ancla para enfocar tu intención.

Estrofa de la oración
Que despeje mi mente de todos los pensamientos y centre mi intención en la quietud.

Reflexión

Comenzamos invocando la voluntad de despejar la mente de todos los pensamientos y convertirnos en un pizarrón en blanco. Trasladamos nuestra conciencia del mundo exterior al mundo interior. Esto nos permite entrar en nuestro centro de equilibrio y abrirnos a la mente del niño-anciano, como si estuviéramos viendo, sintiendo, oyendo, percibiendo y saboreando todo lo que nos rodea por primera vez, pero desde un lugar de profunda sabiduría. Recuerda, esto no significa que queramos limpiar nuestra mente de todos los pensamientos de una vez por todas (tampoco es posible), sino que llegamos a un lugar donde nuestros pensamientos no dirigen el espectáculo. Desde ahí vemos los pensamientos a medida que surgen; los reconocemos, pero no permitimos que enganchen nuestra atención. Desde este lugar de paz mental tenemos la capacidad de barrer nuestra mente y empezar de nuevo en el momento presente.

Al despejar nuestra mente, también le damos una nueva dirección: encontrar la quietud interior. Este es un paso fundamental. Una mente que se queda sin una tarea salta de nuevo al modo de pensar en exceso y obra juzgando, clasificando e intentando entender todo. Esto no es bueno ni malo; es simplemente lo que hace la mente. Al darle la intención de quietud para que nuestra mente se aferre a ella mediante la recitación de la oración, tenemos la oportunidad de despejar nuestros pensamientos y de dirigirlos hacia donde queremos que vayan: la quietud.

Si quieres repasar la discusión completa sobre cómo mover la mente hacia la quietud, vuelve a la Lección 3.

Segunda estrofa de la Oración del Fuego Interior: conectar con tu fe más profunda

La segunda estrofa de nuestra Oración del Fuego Interior abarca nuestro aspecto espiritual. Recuerda que, por definición, la fe es tener plena confianza en algo. Ese algo puede variar de un día a otro, pero lo importante es conectar con lo que sea tu fe más profunda en este momento, ya sea una verdad superior como Dios/Diosa/Universo, o el simple hecho de que el sol volverá a salir mañana. No tiene nada de malo cambiar aquello en lo que pones tu fe cada día, siempre y cuando estés dispuesto a tenerla y permitir que tu lado espiritual se alimente de esta energía.

Estrofa de la oración
Que despeje mi campo de ocupaciones y conecte con mi fe más profunda.

Reflexión
Cada vez que nos vemos atrapados en los acontecimientos del mundo o en el ajetreo cotidiano, nos olvidamos del poder del Universo. Desde este estado de ocupación, volvemos a intentar controlar las cosas. Nuestra fe más profunda nos apoya cuando nos rendimos y dejamos de lado esta necesidad de controlar las situaciones, los resultados o las personas, reconociendo que el fin de nuestros esfuerzos siempre será para nuestro mejor interés, sin importar cuál sea. Esto no significa que no vayamos a trabajar o que no debamos hacerlo, para cambiar o crear cosas en el mundo; solo significa que, mientras intentamos hacerlo, mantenemos ese estado de dulce rendición y permanecemos abiertos al resultado, aunque no sea el que esperábamos.

Mientras repites esta estrofa de la oración, aprovecha este momento para dejar de intentar controlar las cosas, alejarte de la trampa de la actividad constante y conectar con una fe más profunda. El espíritu de esta estrofa es reconectar con el hecho de que el Universo realmente nos cubre las espaldas (incluso cuando no lo parece), y nuestro trabajo es salir del camino y permitir que las cosas fluyan sin resistencia. Mientras repitas esta estrofa busca en tu interior dónde te gustaría poner tu fe y saca ese deseo hasta que logres mantenerlo dentro de tu núcleo, donde tu fuego interior brilla más por el apoyo que está recibiendo del Universo.

Si quieres revisar la discusión completa sobre la liberación en la dulce entrega de la fe, vuelve a la Lección 4.

Tercera estrofa de la Oración del Fuego Interior: permitir el flujo emocional

La tercera estrofa aborda el ámbito emocional. La parte más difícil de comprometernos con nuestras emociones es superar todos esos años en los que nos acostumbramos a reprimirnos; todo ese tiempo que dedicamos a impedir que las emociones fluyeran porque pensábamos que nos hacían parecer débiles o necesitados. A veces creemos que estos diques nos protegen, pero un verdadero dique permite que el agua se derrame en determinados momentos para garantizar que el río siga fluyendo de forma saludable y evitar con ello que las zonas superiores se inunden. De la misma manera debemos permitir que nuestro río emocional no se reprima, para que no nos privemos de emociones ni permitamos que se desborden de formas problemáticas en otras áreas de nuestro ser.

Estrofa de la oración
Que abra mi cuerpo emocional y permita que fluya la sanación.

Reflexión
En esta estrofa nos alejamos de la idea de que nuestras emociones son pasivas y nos comprometemos a sentirlas por completo, lo que libera la energía reprimida y permite la sanación. Nuestro objetivo, como se indica en esta estrofa, es ser proactivos en nuestra relación con el cuerpo emocional, *limpiando* las emociones en lugar de ignorarlas o reprimirlas.

Estar en contacto con las emociones nos permite aprovechar el poder de nuestra intuición, así como percibir lo que nos parece correcto en determinadas situaciones, en lugar de limitarnos a pensarlo. En momentos de decisión, repetiré esta estrofa, luego respiraré profundo de forma consciente y haré una pausa, esperando ver qué es lo que se siente correcto. Cuando tus emociones fluyan libremente, tu respuesta irá a la deriva como un barco de papel en un arroyo tranquilo. Si tus emociones no fluyen y la respuesta no llega, tómate un tiempo para nutrir tu cuerpo emocional. Al principio quizá sea un trabajo incómodo, pero valdrá la pena el esfuerzo.

Si quieres repasar la discusión completa sobre la apertura a tus emociones, vuelve a la Lección 5.

Cuarta estrofa de la Oración del Fuego Interior: en honor al templo físico

La cuarta estrofa se refiere al ámbito físico, que con frecuencia tenemos olvidado. Desconectarnos del cuerpo en esencia es lo mismo que cortar una parte entera de nuestro ser. Te guste o no tu cuerpo, es el vehículo que te conduce por esta vida y te permite tener una experiencia sensorial en este mundo. Honrar y agradecer todas sus partes (*sobre todo* las que no te gustan) te enraizará en las cosas que te rodean. Con esta estrofa nos comprometemos a honrar nuestro cuerpo como algo sagrado, porque a través de él experimentamos el mundo.

Estrofa de la oración
Que honre esta forma física como un templo sagrado.

Reflexión
Aprovecha este momento para repetir la cuarta estrofa con una mano en el vientre y la otra en el pecho. Respira profundo. Siente el rumor de tu voz en el pecho, mientras estas palabras se mueven a través de ti. Presta atención a las pequeñas molestias o placeres de tu cuerpo; permite que hable a través de ti mientras tú hablas a través de él. Dirige tu atención a los lugares en los que tiendes a mantener la tensión. Respira en esas zonas y luego libera cualquier tensión que encuentres ahí. (Para muchos, esa tensión está en el vientre, los hombros o las caderas).

Buscamos aprender a escuchar la sabiduría del cuerpo, de tratarlo con cuidado y compasión, y de dejar de lado cualquier idea de que el cuerpo tiene algún defecto o que es solo una barrera o un vehículo.

Mientras recites la Oración del Fuego Interior cada día, haz una pausa en la cuarta estrofa y, con el ojo de tu mente, contempla tu cuerpo físico como el templo del que eres el cuidador designado. Es hermoso y sagrado, como tú.

Si quieres repasar la discusión completa sobre el respeto a tu cuerpo como templo sagrado, vuelve a la Lección 6.

Quinta estrofa de la Oración del Fuego Interior: dar y recibir gratitud

La quinta estrofa nos invita a vivir el momento con gratitud. La gratitud no es tan solo un medio para dar energía, sino también una forma de recibirla. A muchos se nos facilita agradecer, pero nos resulta más difícil aceptar la gratitud sincera de los demás. Por alguna razón, nos sentimos incómodos, sentimos que no lo merecemos o nos invade cierta extrañeza porque los demás nos presten atención. Pero la gratitud es una avenida de doble sentido; todo el amor y el agradecimiento que otorgues, también lo recibirás. Ábrete a la gratitud en el momento presente y empezarás a reconocer el efecto dominó que puede tener tal acto, tanto si viene de ti como si te lo ofrece otra persona.

Estrofa de la oración

Que pueda caminar hacia mi más alto propósito con gratitud por este precioso tiempo.

Reflexión

La última parte de la Oración del Fuego Interior nos invita a aceptar el presente y recordar que todo lo que tenemos es ahora mismo. Cada momento contiene bendiciones, si nos tomamos el tiempo de verlas. Renovamos nuestro aprecio por cada instante y somos conscientes del regalo que supone estar vivo, compartiendo ese regalo con los demás y permitiendo que los otros compartan ese regalo con nosotros. Cuando damos cabida a la gratitud, nuestro fuego interior se alimenta cuidadosamente con la consideración y la amabilidad hacia y desde un mundo que siempre nos apoya.

Al centrarte en tu verdadero trabajo en cada uno de tus actos (no importa lo que hagas en el mundo), te encuentras de forma natural en un estado de gratitud, cuya combinación alimenta tu fuego interior como ninguna otra cosa. Cuando termines de rezar tu oración, cierra los ojos y siente tu gratitud. En tu mente imagina lo que se siente llevar tu verdadero trabajo a todo lo que haces a lo largo del día.

Si quieres repasar la discusión completa sobre el poder de la gratitud, vuelve a la Lección 7.

Al llegar a las últimas páginas de este libro, me gustaría volver a las preguntas que planteé en la Lección 1, ya que a estas alturas te habrás dado cuenta de que apuntan a los principales postulados de *Despierta tu fuego interior*:

¿Qué es la quietud?
¿Qué es la fe?
¿Qué es la sanación?
¿Qué es lo sagrado?
¿Qué es la gratitud?

¿Se ha ampliado o profundizado tu comprensión de estos conceptos como resultado de lo que hemos aprendido a lo largo de este libro? Para mí, estas preguntas han sido las claves para entender mi conexión con todo mi ser y me han permitido una mayor comprensión de las partes más profundas de mí misma, a menudo descuidadas cuando mi fuego interior ardía en su punto más bajo.

En los ejercicios que siguen compartiré cómo uso las cuentas de oración como una forma de profundizar en la práctica de la Oración del Fuego Interior.

EJERCICIOS
Cuentas de oración

Las cuentas de oración se utilizan en diversas tradiciones espirituales de todo el mundo. Quizá esta práctica te resultará útil para cultivar tu relación con la Oración del Fuego Interior.

En mi caso, no fue sino hasta los últimos dos años que verdaderamente empecé a usar las cuentas de oración. Al crecer, recuerdo que mi abuela rezaba el Rosario, pero yo no me crie como católica y nunca tuve un interés real por rezarlo. Eso cambió cuando me convertí en adulta, sobre todo, debido a la gran cantidad de tiempo que he pasado en México, donde desarrollé un gran amor por la advocación mariana de Nuestra Señora de Guadalupe. Cuando un amigo me invitó a unirme a su práctica del Rosario de 54 días, me sentí movida a participar. Algunos de mis amigos se sorprendieron por mi decisión, porque (como habrán notado) yo era una chica no católica, pagana y chamana, pero me comprometí a rezar el Rosario en español durante aquellos 54 días.

Lo irónico es que, una vez que empezamos, me enamoré de ello. La sensación de las cuentas moviéndose entre mis dedos, el anclaje de la oración repetitiva diaria y el hecho de formar parte de una comunidad que reza unida, me llenaron el alma. Después pasé a explorar la oración mediante una práctica hindú de 40 días de *mala* (realizada a las cuatro de la madrugada con el pulgar pegado a la tierra). Después de estas experiencias en que estudié las cuentas de oración en diferentes tradiciones, me sentí inspirada para crear una práctica de cuentas de oración que correspondiera a la Oración del Fuego Interior.

Cómo usar las cuentas de oración

Para empezar, tendrás que conseguir algunas cuentas de oración. Cualquier cosa sirve: un collar de cuentas, un *mala* tradicional budista, un *misbaha* islámico o las cuentas de un rosario católico, lo que te parezca sagrado. Cuando empecé a rezar la Oración del Fuego Interior con cuentas hice mi propio conjunto personalizado, colocando una vieja *mala* de piedra verde con cuentas de fluorita púrpura para marcar cada una de las oraciones. (Puedes comprar las cuentas de la Oración del Fuego Interior a través de mi sitio web en <https://warriorgoddess.com>; cada juego es único, y todos están hechos con intención y oración. Además, todos los ingresos se destinan a nuestros programas de caridad).

Sin importar la opción que elijas asegúrate de que sea resistente y de que se sienta bien en tu mano. Ahora, repasa las cuentas y crea tu propia forma especial y única de marcar las secciones para cada estrofa de la oración. Las cuentas del rosario son las más fáciles porque la mayoría tienen cinco secciones que constan de diez cuentas, con una cuenta más grande o separada diseñada para indicar el final/comienzo de cada una de las secciones. Si trabajas con otro tipo de cuentas de oración o con un collar de cuentas, repasa el número de cuentas que tienes y divide ese número entre cinco. Marca cada sección atando un trozo de cuerda o cinta delante de ella, o bien limando suavemente las cuentas al final de cada sección para que sean ásperas y de alguna manera diferentes al tacto. Utiliza las cuentas sobrantes como inicio o cierre de tus oraciones.

Sé creativo; no hay una forma correcta o incorrecta de hacerlo. Cuando rezo con mis cuentas de la Oración del Fuego Interior, hechas con el *mala* de 108 cuentas, utilizo las cuatro primeras y las cuatro últimas para apoyar y fortalecer mi verdadero trabajo o mi enfoque del día. Utilizo 20 cuentas para cada una de las cinco estrofas. Cuando llego a la primera cuenta de la primera agrupación de 20, comienzo la Oración del Fuego Interior. Del mismo modo, cuando rezo con mi rosario pesado de obsidiana negra, empiezo con un Padre Nuestro y un Ave María, o mis oraciones sánscritas de Kali (para las cuales también uso mi rosario), y luego empiezo la Oración del Fuego Interior cuando llego a la primera decena (o al primer grupo de cuentas de la parte redonda, "collar", del rosario).

Una vez que hayas adquirido las cuentas de la Oración del Fuego Interior, tómate un momento para bendecirlas. A mí me gusta usar los cuatro elementos: aire, fuego, agua y tierra. Para utilizar estas bendiciones, ofrece tus cuentas de oración al aire, enciende una vela y pásalas por el fuego, sumérgelas en el agua y luego pásalas por la tierra. No importa cómo elijas bendecir tus cuentas, pídele a Dios/Diosa/Creador/Vida que infunda tus cuentas con guía y fuerza. Reza una oración en voz alta si te parece bien.

Mantenlas sagradas llevándolas contigo o reservando para ellas un lugar que sea especial para ti.

He descubierto que aprender a integrar el tacto, la oración y la respiración teje un fuerte manto de conexión y de paz.

Ya sea que utilices un *mala*, un rosario u otro tipo de cuentas, debes tener cinco secciones que recorrer. Cada sección de cuentas corresponderá con cada una de las cinco estrofas de la Oración del Fuego Interior.

A continuación te ofrezco un resumen detallado, así como una tabla de guía de estudio de referencia rápida, para que vuelvas a ella si te pierdes.

Comienza con las cuentas "sobrantes" que no están incluidas en tus cinco series y reza tu verdadero trabajo (sea cual sea la palabra).

Luego, por cada serie de cuentas rezarás una estrofa. Cuando golpees tu cordón/cinta/perla de transición entre series haz una pausa y respira antes de continuar con la siguiente serie.

Primer juego de cuentas:
Que despeje mi mente de todos los pensamientos y centre mi intención en la quietud.

Segundo juego de cuentas:
Que despeje mi campo de ocupaciones y conecte con mi fe más profunda.

Tercer juego de cuentas:
Que abra mi cuerpo emocional y permita que fluya la sanación.

Cuarto juego de cuentas:
Que honre esta forma física como un templo sagrado.

Quinto juego de cuentas:
Que pueda caminar hacia mi más alto propósito con gratitud por este precioso tiempo.

Cuando hayas completado la oración, siéntate en silencio durante unos momentos para integrar la plegaria y pedir guía y apoyo.

Si te pierdes, no dudes en consultar la tabla de referencia rápida que aparece a continuación, o haz una copia para tenerla cerca mientras empiezas a trabajar con las cuentas. Al principio puede parecer complicado, pero cuando encuentres el ritmo descubrirás que rezar con tus cuentas de oración te confiere serenidad y te permite concentrarte más profundamente en tus oraciones al incorporar en ellas los cuatro aspectos de tu ser.

LA ORACIÓN DEL FUEGO INTERIOR

Número de estrofa	Juego de cuentas	Oración
Oración de apertura	Colgante, cuentas de antífona o cualquier cuenta adicional que no esté incluida en sus cinco juegos	Repite tu verdadera palabra de trabajo para cada cuenta
Primera	Primera decena, primer grupo de cuentas	Que despeje mi mente de todos los pensamientos y centre mi intención en la quietud
Segunda	Segunda decena, segundo grupo de cuentas	Que despeje mi campo de ocupaciones y conecte con mi fe más profunda
Tercera	Tercera decena, tercer grupo de cuentas	Que abra mi cuerpo emocional y permita que fluya la sanación
Cuarta	Cuarta decena, cuarto grupo de cuentas	Que honre esta forma física como un templo sagrado
Quinta	Quinta decena, quinto grupo de cuentas	Que pueda caminar hacia mi más alto propósito con gratitud por este precioso tiempo

EPÍLOGO

Llegará un momento en el que creerás que todo ha terminado.
Ése será el comienzo.

Louis L'Amour

Mientras escribo estas palabras, me encuentro sentada en una pequeña choza de madera y bambú en Bali, rodeada de arrozales y de una vibrante naturaleza verde y muy fértil. Mi estancia aquí durará cinco semanas, para tener espacio y distancia de nuestro acelerado mundo, mientras termino este libro. Quería estar en un lugar que me resultara familiar, enriquecedor y muy tranquilo para trasladar esa misma energía al manuscrito final de *Despierta tu fuego interior*.

Este día puedo decir que me siento tranquila, desconectada del ajetreo y abierta. Cocino mis propias comidas en una sola olla y utilizo un plato pequeño y una cuchara. Solo tengo tres prendas de algodón que lavo a mano en un pequeño balde plástico naranja. Mi bandeja de entrada de correo electrónico está casi al día. Tengo gente de mi entera confianza que se ocupa de mis asuntos en casa mientras me encuentro fuera. En este momento me concentro en alejar mis pensamientos de los asuntos ajenos y atender solo los propios. Dado que cuido mi energía y me mantengo anclada en el presente, mi fuego interior abreva cantos de pájaros y brillos dorados.

Sin embargo, la última vez que visité Bali, hace cuatro años, las cosas no eran tan brillantes en mi mundo: para empezar, mi matrimonio se marchitaba y yo seguía negándolo hasta que mi marido, a la semana de empezar nuestro viaje, me dijo que creía que debíamos tomarnos un descanso. En mi interior sabía exactamente lo que aquello significaba... que él iba a dejarme para siempre. Mientras lidiaba con la devastación emocional, también hacía numerosas llamadas de emergencia a Estados Unidos en mitad de la noche porque mi negocio se estaba desmoronando. A pesar de estar en el paraíso, yo era una persona estresada, estaba destrozada y sentía que incluso las brasas de mi fuego interior estaban a punto de apagarse. Me llevó bastante tiempo reunir mis recursos internos para reavivar mi llama.

Me gustaría compartir contigo la sabiduría que se grabó en mi ser durante ese tiempo y me acompaña desde entonces. Esas lecciones pueden recordarnos a todos una y otra vez los ciclos que tiene la vida. Por favor, no creas que si lo haces "bien" puedes evitar de algún modo el dolor, la pena, el estrés o el agobio. O que si solo enciendes tu fuego interior lo bastante fuerte, habrás terminado y no necesitarás atenderlo nunca más. Despertar tu fuego interior no consiste en evitar los altibajos de la vida ni en ser un estoico Buda de piedra que pasa por encima de lo que surja. Se trata de aprender a confiar en ti para crecer, estirarte y expandirte con lo que la vida te presenta. Se trata de desarrollar la capacidad de recuperación. Se trata de alimentar tu fuego lo mejor que puedas, día tras día, sabiendo que algunos días avivará tu llama hasta volverse una supernova y que otros, sentirás que te absorbe el calor.

A través de todas las experiencias: aprende, explora, inténtalo de nuevo, repite. Recuerda tu verdadero trabajo.

Cuando te sientas abatido o luchando con la sensación de que la vida está haciendo todo lo posible para apagar tu fuego, tómate un momento para detenerte y reunir tus brasas. Escucha la sabiduría interior, que te revelará cuál es la acción correcta para este momento. Debes saber que "esto también pasará", y que después de tirar o apagar, puedes empezar a alimentar tu fuego de nuevo, rama a rama, acto con acto. Pasarás por muchos ciclos, como lo hacemos todos. Permanece con tu fuego como es, no con lo que desearías que fuera.

No estás aquí para transitar por la vida a la perfección, sin errores ni situaciones negativas. No estás aquí para demostrarle nada a nadie, ni para exhibir una agenda y un escritorio ordenados. El caos y los cambios drásticos no son malos: nos sacuden, hacen que nuestras creencias y seguridades se tambaleen y nos otorgan la oportunidad de acceder a un panorama más amplio. Cuando tu mundo se sienta pequeño y empiece a temblar, mira hacia arriba, hacia la cima más alta que te ofrece la vida. Mira hacia adelante, pero también tómate un tiempo para honrar el desmantelamiento y la desintegración de lo que fue o de lo que quizá no vuelva a ser.

Me encanta esta cita de Rumi:

> ¿Qué significa la paciencia? Significa mirar la espina y ver la rosa, mirar la noche y ver el amanecer. Impaciencia significa ser miope para no ver el resultado. A los amantes de la Vida nunca se les acaba la paciencia, pues saben que se necesita tiempo para que la luna creciente se convierta en luna llena.

A los amantes de la Vida nunca se les acaba la paciencia. Despertamos nuestro fuego interior cuando nos convertimos en amantes incondicionales de la Vida, que incluye la Vida que somos: mente, cuerpo, emociones y espíritu. Continúa volviéndote más íntimo con todo lo que eres, mientras practicas con paciencia nuevas formas de crear más espacio para el amor en tus días. Camina por el sendero de tu verdadero trabajo dondequiera que estés, y lleva más calor a tu fuego interior.

Escuché esta fabulosa historia en la India de un renunciante occidental (monje) que solía conducir remolcadores náuticos. Me contó que en su viaje de California a Hawái los vientos alisios eran tan fuertes que, mientras tiraba de dos o tres barcos grandes detrás de su pequeña embarcación, estos se detenían, y a veces incluso eran empujados hacia atrás durante días. Pero por mucho que soplaran los vientos, él seguía con el mismo ritmo constante y finalmente el remolcador llegaba a su destino.

A veces, en la vida, el viento está a tus espaldas y tu fuego se aviva con intensidad, y otras veces avanzas a sotavento y tu fuego amaina. Sigue adelante. (O da la vuelta si te das cuenta de que realmente querías ir a Santa Cruz, no a Hawái... ¡Corrije el rumbo conforme sea necesario, querido!). Paciencia, perseverancia. Más paciencia. Recuerda, la paciencia no aparece sin invitación, entra por la puerta y te dice: "¡Siéntate, toma una taza de té, tenemos mucho tiempo!". La paciencia es algo que debemos invitar a nuestros corazones cada día. La paciencia tiene que ver con la madurez y la visión de conjunto, que es algo que a todos nos vendría bien en momentos de pánico al estilo: "Hazlo ya, ¿por qué no está hecho ya?". No hagas ni más ni menos de lo que necesitas (a menos que sea absolutamente necesario; a veces lo es). Mantente firme, concéntrate y verás que llegas a tu destino, aunque te retrases un tiempo. Tal vez tu destino no sea el que pensabas, pero será el adecuado para ti si tienes claro cuál es tu verdadero trabajo y sigues alimentando tu fuego interior.

Adopta esta actitud de suave bote remolcador para todos los ejercicios y enseñanzas de este libro, y tómate el tiempo que necesites para digerirlo y experimentar con él. Estúdialo intensamente o colócalo en el librero, y retómalo cuando te sientas cómodo para hacerlo. Conviértelo en una práctica para toda la vida o en una semilla de inspiración, en lugar de en algo que hay que empacar y marcar para pasar a lo siguiente. Integra. Sigue adelante. Sé consciente de que a veces será difícil. Eso está bien. A veces también será fácil y alegre. Cada día es una nueva oportunidad para practicar, aprender, experimentar y volver a intentarlo. Maya Angelou dijo una vez: "Hoy es un día maravilloso, nunca había visto este día". Aprovecha cada mañana para abrazar las nuevas oportunidades que te presenta el día, sabiendo que habrá nuevas aventuras y pruebas esperándote el día siguiente.

Bendiciones para tus oraciones, tu verdadero trabajo y todas tus acciones. Que sigas despertando tu fuego interior para que arda con tanta intensidad que ilumine el camino de los demás.

AGRADECIMIENTOS

Apilando bendiciones sobre bendiciones para mi nueva *mastermind* (*madamemind*): Total Elevation Activation Madamemind, o T.E.A.M., de mujeres emprendedoras tomadas de la mano que se animan unas a otras: Cara Ferrara Bradley, Kate Marolt, Kelly McNelis Senegor, Makenna Johnston y Zoe Kors. Gracias por crecer conmigo, desafiarme y brindarme todo su cariño.

Bendiciones a las tierras de Sedona, donde se escribió y reescribió gran parte de este libro, y a mi Thelma (¿o eres Louise?) y compañera de escritura/enseñanza, Sarah Rose Marshank, por las largas caminatas, las charlas profundas, las sesiones de meditación y los momentos de risa loca sobre esos chiflados Bitmojis.

Olas de gratitud a toda la gente de Sedona Mago Retreat y en especial a Jay Stinnett y Adell Shay, por su enorme ternura y generosidad, por esos cafés con leche de avena y por acogerme en su casa y en sus corazones.

A la gente y al sagrado corazón devocional de la India y Bali, donde pasé dos meses sabáticos, dejando que *Despierta tu fuego interior* se filtrara dentro de mí y se mezclara con las aguas de la quietud y la amplitud.

Una profunda reverencia a Amma y a su áshram de Amritapuri en Kerala, choque de manos a mi pequeña cabaña de bambú en los arrozales de Ubud, y al Yellow Flower Cafe, y un enorme abrazo a mi distracción favorita de la escritura y amigo de signo Libra, Dennis Hauswirth, por presentarme el acroyoga, con la alegría de los polvos de talco durante los bochornos (¡sí funcionan!), y por recibirme en su casa tan hermosa que deja la boca abierta. Un gran abrazo a Beth Bell por la hermandad y la magia del susurro de las flores.

Al equipo de Emerging Women: Chantal Pierrat, Nicole Fegley, Kelly Dwyer y Jammie Speyer, por todas las formas en las que se entregan desinteresadamente a las mujeres. Estoy muy contenta de formar parte del círculo de EW y me siento honrada por aportar los dones del fuego.

Agradezco a R y A, por todos los inmensos regalos que me han dado a lo largo de los años, tanto en la relación como más allá de ella. Gran parte de la sabiduría de este libro y de los anteriores procede de mi danza sagrada a través del tiempo con ustedes.

Y te doy las gracias especialmente a ti, por leer este libro y atender la hermosa y única llama de tu fuego interior. Comparte conmigo tus historias y reflexiones: ¡todos estamos juntos en este viaje!

Despierta tu fuego interior de HeatherAsh Amara
se terminó de imprimir en el mes de marzo de 2023
en los talleres de Diversidad Gráfica S.A. de C.V.
Privada de Av. 11 #1 Col. El Vergel, Iztapalapa,
C.P. 09880, Ciudad de México.